つい「がんばりすぎてしまう」あなたへ

自分のこころを見つめなおすために

カウンセラー
高垣忠一郎

新日本出版社

目次

はじめに——私たちの人生は「がんばる」ことだらけです

子どもたちもがんばっている

　ある小学生の女の子はテストの成績がすごく気になって、通知票をもらう一か月も前から、「がんばろう」があったらどうしようかと心配したり、忘れ物が二、三回あったからどうしようかと心配したりします。お母さんが、「大丈夫、今度がんばったらいい。誰でも失敗はあるのだから」と話してやっても、「私は大丈夫と思えない」と言います。

　あるツッパリ中学生は「髪型・服装をちゃんとしろ」と、先生からも親からもうるさく言われても、頑として従いません。「なにをそんなにがんばっているの?」と聞くと、「いま、オレが髪や服装をちゃんとしてみろ、周りから何と思われる? 〝あいつ周りからやいのやいのと言われて、やっとちゃんとしよった〟と思われる。オレはそれが嫌なんじゃ!」と言います。

　ある進学校に入学した男子生徒はこれまでにも増して勉強に励み、真夜中の一時・二時まで勉強部屋の灯りがついています。親はその様子をみて「がんばっているな」と喜びました。彼は「授業の進み方が早いので、がんばらないとついていけない」と漏らします。親は「優秀な生徒ばかりだから当たり前だ。負けずにがんばりなさい」と励ましてきました。

ところが、彼は実力テストで悪い成績をとり、自信をなくし失速しました。お母さんが「一度悪い成績をとったからといって、そんなに深刻になることはない。またがんばればいいじゃないの」となぐさめても、「もうだめだ、行くところをまちがえた」と言うばかりです。

ある高校の女生徒は「みんな一生懸命がんばって、自分というものをつくってきているのに、私は周りの期待にがんばって応えるのに精いっぱいで、〝本当の自分〟というものがなかった」と言います。周りの期待に自分を合わせることに精一杯で、「これこそ私だ」と自信をもって言えるものがない。このような自分と周りの目に映る「優等生」としての自分とのギャップに耐えられなくて、彼女は不登校になったのです。

お父ちゃんもがんばっている

企業戦士のお父さんたちは、しばしば不登校のわが子にむかって言います。「オレがこんなにがんばって働いているのに、お前は何だ！　情けない！」「少しぐらい嫌なことがあっても、がんばって学校へ行け！」　家族のためという思いがありながら、その家族との人間的な交流や自分の生命を犠牲にしてがんばる。そのような厳しい社会を生き抜くお父さんの目には、学校に行けなくなる子どもは「ひ弱な」甘えっ子にしか見えないのでしょう。

あるお父さんは、「学校へ行ってがんばらなくてもいいから、一日ボーッとして弁当食べて、クラブして帰ってきたらええ。とにかく学校へは行け」と息子に言います。でも、一日ボーッとしていられるような学校だったら、こんなにたくさんの不登校の子どもが出てき続けることもないでしょう。そう言っているお父さん自身が、会社に行って周りが忙しくがんばっているなかで、自分だけボーッとしてはいられないでしょう。

父親たちが、世界から「働きすぎ」と批判されるほど、よくがんばって働くのはなぜでしょうか？　その仕事に生き甲斐《がい》や自己実現の喜びを感じられるからだという人もいるでしょう。日本人の勤勉な国民性ゆえと自画自賛する人もいますが、どうでしょうか。それよりも職場で孤立する不安、落伍者になる不安、生活の不安……などの不安に駆り立てられて、その不安を解消するためにがんばって働かざるをえない人が多いというのが実情ではないのでしょうか。

カウンセリングの面接時間中、ずっと私と腕相撲をやり続けた男子中学生がいました。次のカウンセリングの時間にも、彼は腕相撲を挑んできます。その様子を見ていると、彼が、「なにくそ、負けるものか」とがんばる精神力を支えてくれる父性的な存在を求めていることが明らかでした。彼にお父さんのことを聞くと、「お父さんには遊んでもらったことがない、何も教えてくれない」と言います。

学校の教師もがんばっている

学校の教師も多忙な過重労働を強いられているようです。新聞報道でも、中学校の教師の六割が、過労死ラインを超えるほどの超過勤務になっているという実態が報告されていました。私は教育というものは、ちょっとがんばったらできそうな課題に挑戦させてやり、それによって子どもの成長、発達を指導すること。これが教育の大事な仕事のひとつだと思います。だから、「大分しゃべれるようになりました。もっとしゃべれるようになりましょう」という評価や言い方がされても、それはあり得ることだと思います。

しかし、それによって子どもが、「もっと、もっと」とがんばることを強いられるような圧迫感を感じていることもまた事実です。「もっとしゃべれるようになりたい」と自分から意欲する前に、「もっとしゃべれるようにならねばならない」と追い立てられているのが実情ではありませんか。がんばってしゃべれるようにならないと、先生から気に入ってもらえない、先生から見捨てられてしまうのではないか、と思ってしまいます。

そこに私は、いまの学校教育あるいは教師たちの子どもを見る目に、子どものペースに合わせて待ってやれない性急さを感じます。それが、聞きようによってはごく当たり前の言葉が、「あなたはおとなしいダメな子だね」と子どもには聞こえてしまう響きをもたせてしまっているのではないでしょうか。

不登校が急増した頃に何校も行った校内研修で、私の質問に答えた先生たちの応答をみても、教師自身が学校に来るのがしんどい、それでもがんばって学校に来ているという印象を強く受けました。そうだとすると、「私たちもこれだけがんばって学校に来ているのだから、おまえたちももっとがんばれよ」という目で子どもたちを見てしまっても不思議ではありません。そうなると、なにかあると学校を休む子どもが、〝がんばらないダメな子ども〟に見えてしまうのではないでしょうか。

がんばることを監視し合う社会

私の目には、親も教師も子どもたち自身も、「がんばる」ことを監視しあうような関係に陥ってしまっているようにみえます。がんばることを監視しあって、とてつもない速さで走っているのが、現代の日本の社会ではないかと思います。そして、その〝強迫的〟と表現してもいいような走り方を、背後から動機付けているのが、やはり恐怖や不安なのだといわざるをえません。この路線を走ることからはみ出したら恐ろしいことになるのではないか、という恐怖。親や教師の期待からはずれたら、親や教師から見捨てられてしまうのではないかという不安に駆られて走っているのです。

自分ががんばって学校に行くことで親が安心する。先生が安心する。自分もまあなんとか休まないで学校に行っているということで申し訳が立つ。三方丸くおさめるために、しんどさやつらさを背負って這《は》いずるように学校に通っている子どもたちもたくさんいます。

本当は身も心も疲れ果て、休みたいのです。その休みたい、一息つきたいという身と心の要求を、それでいいのだよと受けとめてもらえません。周りはなんとかがんばらせようとします。本人もがんばれない自分をダメだと思いこみます。担任の先生から「がんばったら、まだ可能性がある」と言われます。でも、子どもにはその「可能性」というものがどういうものかわかりません。子どもはその言葉で「今の自分ではダメなのかなあ」と思うのです。

励まし合える同伴者が

あるお母さんは、子どもの思いを受けとめ、自分で考え、やろうと思うまで待ってやれる親でありたいと思っていたから、とくに「がんばれ」「がんばれ」とプレッシャーをかけてきたつもりはありませんとおっしゃいます。そして、小さい時から自分でなんでもできる子だったから、本人に任せてきたのです。

でも、その子どもがしんどくなって、学校に行けなくなりました。下の子どもが病弱で手がかかり、反面「この子は放っておいても大丈夫」という親の見方があって、本人もその親の見方に応えようとしてがんばってきたのだろうと、いまになって気がつきましたとお母さんは振り返ります。

人間の困難やつらさに耐えてがんばる力は、心の状態やそれを支える人間関係と無関係に独立に存在する力ではありません。たとえば、トンネルの暗さと長さに耐えて、がんばって歩き続けることができるのは、前方に光が見えているか、あるいは必ず光が見えてくると確信できるからでしょう。また、その苦しさやつらさを理解し、励まし合える同伴者がいれば、一層がんばれることでしょう。

自分の前にある困難に耐えてがんばり続けることの苦しさは、前に進もうとして進みきれずにもがく苦しさと、その苦しさが共有され、一休みして安心を取り戻すことのできない苦しさという二面があります。つねに前へ前へと進み、進歩発展することを強調し期待する今日の風潮は、一面で前に進もうとして進みきれない苦しさをもたらし、そのことばかりを強く意識させますが、その裏面で、苦しさを表現し共有することがゆるされない苦しさを生み、その裏面の苦しさを見えなくさせています。

がんばって前進することばかりを強調する風潮のなかで、一歩後退して休むことのできない苦しさは認められることなく、その苦しさは気づかれることなく、心の奥深くに沈殿してしまうのです。私がこの本を書くことで願ったことのひとつは、読者の心をかき回すことによって、その沈殿した苦しみをもう一度浮上させることなのです。

第1部　がんばり屋さんを生み出す社会

1　一人ひとりの「物語」の共有で連帯と共同の改革を

「いま・ここ」の現実を否認した未来志向「政策」

その時代の社会で生じる問題を克服するための政治（政策）が、また新たな社会的問題を生じさせることがしばしばあります。たとえば、デフレ経済を克服すると称したアベノミクスは失敗であり、貧困格差を広げるだけでした。それを「克服する」ために、安倍政権はまた新たに生産性を向上させ経済成長を図り、「輝かしき未来社会」を志向する「夢（幻想）」を描いています。その政策がつくり出すシステムが、また新たな社会問題を生み出すだろうことが目に見えるようです。

なぜならば、いまの政治が国民の生きる「いま・ここ」の生活現実を見据えようとしていないからです。「いま・ここ」に生きる人々の生活苦や生きづらさのなかに課題を見いだし、それを地道に解決しようとしていないからです。

たとえば、私が四〇年関わってきた「登校拒否・不登校問題」に関していえば、スクールカウンセラーをはじめ、各種のボランティアが投入され、しかも子どもの絶対数は減っているにもかかわらず、小中学校の不登校は近年一二万人台を維持し、いっこうに減ろうとせず、多くの子どもが苦しみにあえいでいます。

学校の「いま・ここ」の現実の課題を見据え、その課題の解決に誠実に取り組もうとするならば、当然、子どもをテスト漬けの生活に追い込むために教師や親を駆り立てるような競争主義の教育制度の根源を克服するべく努力すべきことは、誰の目にも明らかです。現在の政府は、そういうことを一切否認し、「登校拒否・不登校問題全国連絡会」など関係者の多数の反対を押し切って、「教育機会確保法」（別称「不登校対策法」）をつくり、問題の本質を糊塗《こと》しました。

生産性の向上と経済成長により「輝かしき未来」を実現するために、それに貢献する人材を養成するべく、学校教育や子育ての世界にまで「競争的環境」を一層強めるために教育制度をいじることにしか目がありません。結局、やたら未来志向や成長を強調するのは、「いま・ここ」の現実から目を背《そむ》け、その現実を否認したいからだとしか思えません。

「地雷」を処理するカウンセラーの仕事

このような状況下では、私たち国民が生きていくことは、国の政策やそれがつくり出すシステムがもたらす矛盾を、一人ひとりの国民が解決しなければならない課題として背負いこむことを意味します。そして、その人生は、その矛盾のもたらす困難を自己責任で解決していく営みにすり替わってしまいます。

今日の新自由主義的な自己責任論は、責任を政策やシステムの側にではなく個々人の自助努力の不十分さに求めます。そのせいで人々は、一人ひとりの背負う困難を「自分がダメだから、苦しんだり、悩んだりしなければならないのだ」と自分自身のせいにすることになります。そこでは国の政策やそれによってつくられるシステムに向かうべき怒りは方向を見失い、自罰的・自責的な感情にすり替えられて、「もっとがんばらないと、ますますつらくなるぞ」と自分を脅《おど》すことに向かうことになるのです。

さらには、それが自分自身の心身に向けられ、心身の変調や苦痛へと変換されていくことになります。私のような心理臨床家は、そのような人々と向き合い、まるで子どもや親や教師の心に埋め込まれた「地雷」（自己否定感、見捨てられる不安、傷つきやすさ、焦り……など）を処理する「地雷処理班」の一員のような仕事を日々させられているように感じることすらあるのです。

しかし、一人ひとりの心に埋め込まれた「地雷」を処理するカウンセラーは、いくらいても足りません。一人ひとりの心に「地雷」を埋め込まれないような関係、社会をつくること、あるいはそれが仮に埋め込まれたとしても、人々のつながりのなかで、それを無害にするような関係を草の根のようにつくることこそ、いま求められていることだと思います。

競争主義的な生き方を強いられるおとなと子ども

安倍政権は、自らが内閣官房内につくった首相の私的な諮問機関「教育再生実行会議」の提案にもとづき、子どもを企業や国家の役にたつ人材に仕立て上げるべく、学校教育を競争的環境に置くシステムを「スピード感をもって」つくることを着々と進めています。他方で、「働き方」改革実現会議では、人々が主体的に働く「働き方」というよりも、むしろ人材をいかに「働かせるか」を「改革」するべく策を練っているようにみえます。いずれにしても競争的環境を強めることによって、そのなかで人材・あるいは人材予備軍として、国民や子どもを「がんばらせる」道に追い込んでいこうとしている疑いを解くことはできません。

そういうシステムのもとで、おとなも子どもも競争主義的な生き方を強いられています。たとえばここに一人の中学生がいます。彼は学力テストで今度こそがんばって成績を上げようと発奮して、勉強し試験を受けました。だが成績（点数）は上がっていませんでした。彼はそのことを話せる相手がいません。そうすると、彼はただ「それは自分のがんばり方が足りなかったのだ」「自分の能力がなかったからだ」と自分のせいにするしかありません。

これこそ、自分のつらさを話す相手がいないことから生じる自己責任です。彼のような自己責任で自分を責める受けとめ方がいま、子どもや国民の間に支配的になっていることを、認識しなければなりません。私は心理臨床の仕事を通して彼らの心と深く向き合い、そこに映し出される社会や人々の関係性を見通すことができるのです。

気持ちを受けとめてもらえる関係があるか？

ところが幸い彼の傍《そば》に母親がいて、彼は「今度こそよい成績を取ろうとがんばったけど、やっぱりダメだった」と母親に漏らすことができたとします。母親は「そうか。またがんばったらいい」と本人に言います。それで息子は満足するでしょうか？　しません。その母―息子のやりとりは、一見、母親が息子の話を聞き、それに応答したように見えますが、残念ながら息子は不満です。

彼は、今度こそと発奮してがんばって勉強し試験に臨んだのに「ダメだった」のです。だから彼は〝ガッカリして落胆している〟のです。息子はその「ガッカリした」気持ちをこそまず、親に共有してもらいたいのです。「そうか、またがんばったらいい」という応答は、「ガッカリした」気持ちを母親に共有されずに、そのまま放置される結果をもたらしています。彼は、もう二度と母親には、口をきくまいと不満をもつ可能性が大です。こんなことは今日、日常的に頻繁にみられるごくありふれた家庭の一幕です。

いまの親子関係は残念ながら、子どもが「うちのオカンなんか、話は聞いてくれるけど、気持ちは受けとめてくれない」とよく言う関係に多くが陥っています。母親がなぜそのことを思いやれずに、「また、がんばったらいい」の一言で済ませてしまうのか？　忙しいなかでも、母親は子どもを責めないで、励ましたつもりなのかもしれません。てっとり早く切り上げたのかもしれません。あるいは、そこでじっくりと話を聴いてやる余裕がなかったのかもしれません。

いろんな状況や事情が考えられます。でも、そのことは、話題にして、話し合われない限り見えてきません。それを究明すれば、家族の関係性が浮かびあがり、それをつくりだしている家族の生活のありようが見えてくる可能性が拓けます。そうして、そこに改善すべき点や課題が明らかになることも大いにあることです。

あるいは、そのときにその場に誰か第三者が介在して「そうか、がんばったのにダメだったの、それはガッカリしたねえ」と、その気持ちに寄り添い、受けとめることができれば、違う展開になる可能性が拓けます。それは大いにありえることです。「それはガッカリしたねえ」とその時に感じた自分の気持ちや感情に寄り添い、それをしっかりと受けとめてもらえたらどうなるか？

たとえば、こうなります。「そうなんや。ほんまガッカリしたよ。にいちゃんとよく成績を比べられて、オカンから〝おまえはだめねえ〟と言われる。もっとがんばりなさいと言われる。それが悔しくて、今度はがんばって勉強してええ成績とって、オカンを驚かしてやろうと思ったのや……」。つまり、彼の「ガッカリした」感情の背景にある物語が語られる可能性が拓かれるのです。

出来事の背後にある物語

そうすれば、「がんばったのにダメだった」という出来事の背後に、そのような彼の物語があることがわかり、彼ががんばった事情や意味がわかり、「そうだったのか」と彼の立場に立ってその気持ちに共感し、その気持ちを理解することができます。子どもの気持ちはそれで救われるでしょう。これこそが、「すべて国民は個人として尊重される」（憲法一三条）を日々の生活のなかに生かすことではないでしょうか？

そういう展開のないままに、「自分のがんばりが足りなかった」「自分の能力がないからだ」で終わってしまえば、それで結着がつき、本人は自責の念や自己否定の気持ちを募らせて、それで終わりです。その場合、彼のがんばりの意味やその背後にある物語は誰にも共有されないままに、消え去っていくしかありません。そういう人間同士の関係性が、いま日本の社会から、どんどん消え去っていっているようにみえます。

もし誰か家族や第三者がそこにいて彼の気持ちを受けとめ、それをきっかけに語られる彼の物語を聴くことができれば、その物語を知って「そうか、そうだったのか、この子はそんなふうに思いながら生きていたのか」と気づいた親は、自分の息子に対する向き合い方を反省させられるかもしれません。

そうすれば、どんな展開の可能性が生まれるでしょうか？　母親が「それは悪かったなあ。お兄ちゃんと比べて、おまえを傷つけていたことに気づかなかった。ゴメンなあ」と謝ることもできます。そして毎日バタバタとして忙しく、子どもとろくに向き合えてない生活や、学力テストの平均をあげるために、「きちんと勉強させてください」「宿題させてください」とうるさく親に注文をつける学校との関係をうらめしく思う気持ちが自分のなかにあることに気づくかもしれません。

そしてそのことを息子に語ることだってできます。その展開はどうなるかわかりませんが、いずれにしても、彼は自分の「ガッカリ」の意味やそこに映し出された自分の物語を語れたことで、それを母親や第三者と共有でき、お互いの気持ちや思いを共有することだってできるのです。そのことで、次男坊と母親との関係が変化する可能性が開けることだって大いにありえることです。

また、親はそのことを、ＰＴＡや学級懇談会で話すことで、今日の学力テスト漬けの教育にどういう意味があるのか、一緒に考えることだってできるのです。私は心理臨床家として、そのような対話と互いの物語の共有を大事にして手伝いたいし、そういう関係性を社会に広げたいのです。本書を書いた背景には、そういう思いがあるのです。

「物語」の共有から生まれてくるもの

つまり「自分がダメだったから、自分に能力がなかったから……」で終わらせれば、「自己責任」の結論以外なにも見えてきません。それこそ、個人が砂粒のあつまりのようにバラバラになった「個人化社会」をつくり出す新自由主義の自己責任論を乗り越えていく道が見えません。「自己責任」で片づければ、そこから周囲の関係を変える可能性や、問題の所在が見えてこないし、一緒にその問題を解決していく方向も見えてこないのです。

カウンセリングは、一人ひとりの気持ちや感情を丁寧に受けとめ、そこに埋め込まれている一人ひとりの人生の物語を浮き上がらせるきめ細かい仕事に力を入れます。それを手伝うのです。こういう物語やエピソードのなかで、ある気持ちや感情が生まれ、その気持ちや感情がまた新たに彼や彼女の人生の物語を紡《つむ》いでいく網目になっているのがわかります。

そういう人生物語を撚《よ》り合わせれば、この本の主題になっている多くの「がんばり屋さんのよい子」たちが、それぞれに課題を背負いながら生きている姿がリアルに見えてくるのです。それをよく分析すれば、背景となる社会システムの矛盾を、一人ひとりの物語をくぐり抜けて浮き上がらせる可能性も開けます。それがまさに「個人化社会」の中で、バラバラになった個人の内面をくぐり抜けて、どうつないでいくのかを考える糸口になるはずです。

そうすれば、問題を一人ひとりの問題に終わらせ、それを自己責任でがんばって解決していくことを当然とする道に国民を誘い込み、一人ひとりをバラバラに使い勝手のよい人材として育て、人材として使用し、生産性の向上と経済成長につないでいく政府や財界の政策がいかに、「いま・ここ」を生きる国民の幸せに逆行したものであるかがリアルに見えてくるはずです。そして、そちらの方にこそ批判的な目を向けないといけないこともわかってくるのです。

お互いの気持ちを共有し合う関係の成立を困難にする競争的環境を強めれば強めるほど、「国民が個人として尊重」されるどころか、バラバラの人材として一部の権力者や金持ちに都合よく働かされ、そのように働かせるのに都合のよい「がんばり屋」の「よい子」を効率的につくり出すことができるという筋書きもみえてくることでしょう。

競争主義の構図が見えてくれば

競争主義の環境、競争主義のシステムを意図的につくることによって、国や財界の求める人材を効率的に養成することができます。そういう指摘は一般によくなされます。しかし、その奥に隠された、ある種の人材の質が、どのようにつくられるのかについての綿密な分析はありません。

その分析を私がここにごく概略的に述べるならば、まず競争環境を強めることによって、個人の安心を担保する「安心基地」「居場所」を破壊し、安心・安全を奪うことができるということです。その結果、安心・安全を奪われたところから生じる不安や恐怖、焦りに動機づけられ、子どもたちをはじめ、国民のなかに、必死になって代替的な仮の「居場所」を強迫的に求める「居場所弱者」がどんどん増えます。

自分が何か役に立つことによって、そこに居ることを承認される「仮の居場所」を求める人々がどんどん生み出されます。そのような「がんばり屋」の「よい子」たちを大量につくりだせば、そのなかから経済成長と自分たちに都合のよい国づくりに奉仕させるための「多様な」人材を、都合に応じて差をつけながら、必要なだけ養成できるという構図ができあがります。必要な人材を、必要なだけ、必要なときに間に合わせることができるのです。

そういう構図が、自分自身の苦悩をとおして見えてくれば、国民は一人ひとりがバラバラに自己責任を背負わされるばかりの受け身で無力な存在としてではなく、連帯と共同で、国や社会の在り方を変えていける主体的な存在へと、自己変革を遂げていくことも可能になるのではないでしょうか。それこそ、面倒くさく困難で気の遠くなるような気の長い話になります。だが、ほんものの民主主義はそれほどに、面倒くさいプロセスを経てしか、実現しないものではないだろうかと私は思います。

2 「みんながんばって活躍しよう」という風潮

ある日の大阪環状線のホームでの出来事

大阪環状線のホームで酔っぱらいの年配の方が、若い駅員さんをつかまえて、なんやかんやと言って話をしていました。絡んでいるようにも見え、駅員さんも困ったような顔をしていました。それでも引きつったような笑顔を浮かべながら、一生懸命対応していました。やがて電車がきて私はそれに乗りました。病院の精神科にカウンセリングに行くためです。その酔っぱらいの方も同じ電車に乗ってきました。

その乗り際に、若い駅員さんに「にいちゃんがんばりや！　にいちゃんがんばってやぁ！」と大きな声をかけながら、その肩をパンパン叩いていたのです。そのときにその「がんばりや」という言葉は、なぜかその場面にマッチして、とても私の印象に残ったのです。酔っぱらわないとがんばれなかったのか、これまでとってもがんばって無理して生きてきたから酔っぱらわずにおれなかったのか、若い駅員の姿がその酔っぱらいには、「がんばっている」同じ仲間に見えたのかよくわからないのですが、とにかく私の心に印象深く残ったのです。

見ようによっては、日本社会が酔っぱらわずにいられない「依存症」に陥っているような気がしないでもありません。「そんなにがんばって、どこへ行くの?」「知りません、前の人に聞いてください」みたいな感じで、みんながかんばっているから、自分もとりあえずがんばってどこかへ向かっているような。そういうふうにみえてくるのです。

わが国のアルコール依存症患者は二百数十万人いるといわれています。その人たちの多くは四〇代、五〇代の働き盛りです。父親がアルコホリズムの家庭で暴力的な父親をみて育つ子どもたちのなかにも、つねに自分を厳しく監視し、評価する「よい子」が多いように思います。そして、彼らも睡眠薬代わりに酒を飲み、日頃のうさやつらさを忘れ、束《つか》の間の高揚感や多幸感に身を浸すためにアルコールに耽溺《たんでき》するようになるのかもしれません。

「いい加減がいい」という話

鎌田實《みのる》さんというお医者さんがいらっしゃいます。この方が『いいかげんがいい』(集英社)という本を書いています。このなかで、「ぼく自身は、『がんばらない』という本を書いているけれど、じつはとてもがんばってしまう人間だ。ずっと全力投球だった。地域の医療を、あたたかで安心できるものにすることを目指し、三〇代から病院のリーダーとして走りつづけた」と書いておられます。

実は、私も結構「がんばる」人間でやってきました。大学で教えるかたわら、三〇代から心理臨床の世界で、不登校の子どもやひきこもりの若者の問題にずっと取り組んできました。全国、走り回って、親の会の立ち上げを手伝ったり、親の会の「居場所」づくりを側面から手伝ったり、お話をしたりという感じでやってきました。振り返って見れば、私もけっこう「がんばり屋さん」で生きてきたのです。

鎌田さんは続けて書いておられます。「それを事故なく持続させ、発展させる努力をした。スタッフたちにもいきいきと働いてもらうために心を配った。経営の黒字も考えなければならなかった。すべてを満足させるのは、とても難しい。まるで綱渡り。全体としては順調にいっていたけれど、どんなに小さな問題も完璧に解決したいと思うあまり、自分で自分を追い込んでいった。何か頼まれると、断れない性格だった」と。

鎌田さんは「今、振り返ると『がんばる鎌田實』を演じていたのかもしれない」とおっしゃる。私も今振り返ると、「がんばる高垣忠一郎」を演じてきたのかもしれないと思います。でも、順調にがんばり続けることができるとは限りません。鎌田さんもピンチがあったようです。私にも後で紹介するように、ピンチがありました。

「無理をしつづけて、疲れとストレスがたまりすぎてしまったんだろう。四八歳のころ、いわゆるパニック障害のような症状が出た。とにかく不安で不安でしかたない。動悸《どうき》がし、仕事中もじっとしていられない。眠れず、夜中に一人、川を見つめたこともあった。人生のピンチだった」。そして「一人の人間の中に、がんばる自分と、上手にがんばれない自分がいていい。弱さというのは、強さをもつ自分になるために必須のものだと気づいた。その方が鋼のように折れそうで折れない強さになる。強さと弱さの加減が大事なのだ。『いい加減』が大切なのだ」とも書いておられる。

「いい加減が大切だ」とは、私もしょっちゅう言ってきたことです。心理臨床の世界で生きていますと、「いい加減」ということを体得しないとやっていけません。自分自身と「いい加減」に向き合えない、つき合えない人たちとたくさんつき合ってきましたから。「いい加減」ということを体得していなかったら、四〇年もつき合っていられません。

「いい加減さ」は皆違う

「いい加減」というのは、とても大事なのです。人生、いい加減に生きられるようになることが、人生を豊かに生きる〝達人〟になることではないかと思うほどです。たとえば、風呂だって「いい加減」の湯加減というのはとても大事です。熱すぎたら火傷《やけど》しますし、ぬるすぎたら風邪をひいてしまいます。しかも、難しいのはこの「いい加減」というのは、一人ひとり皆違うということです。

面接室で不登校の子どもやその親御さんと向き合ったときに、山田花子さんと向き合ったときの「いい加減さ」と、川村太郎くんと向き合ったときの「いい加減さ」とは違うのです。冷房や暖房でも同じです。だいたい最大公約数的な基準の温度に設定していますが、かならず、それではちょっと暑いとか、寒いとかいう人が出てきます。講演でも同じことが言えます。皆さんの顔や表情、様子をみながら話をしても、必ず「不満」を持つ人が出てきます。

一人ひとりにとっての「いい加減さ」というのは、同じではありません。皆違うのです。とりわけ、そういうことを要求されるのがカウンセリングです。「四〇年も不登校の子どもたちと向き合ってきたら、こういう子はこうだ、そういう子はこうだとパターンやタイプがわかっているだろう。だからウチの子はこうだから、こうすればいいと答えをくれるだろう」と思って、相談に来られる方もいらっしゃる。

でも、私の前に「不登校一般」が姿を見せてくれるわけではありません。みんな違うのです。たまたま不登校になっている山田花子さんとか、川村太郎君が来られるわけです。みんな固有名詞がついていらっしゃいます。だから、不登校といえば「これはこうこうだから、こうやったらええ」と答えを出して「援助する」ことはできません。当然、一人ひとり全部違います、カウンセリングでのやりとりは。

みんな違うから、私は「カウンセリングはいつでも初舞台」というのです。「恋はいつでも初舞台」と梅沢富美男さんが歌う「夢芝居」と一緒です。昔、不登校支援をしておられるある著名な方が、カウンセリングというものはほんまにいい加減だ、ある親には「親の仲がよすぎるから、子どもが不登校になる」と言いながら、他の親には「親の仲が悪いから、子どもが不登校になる」と全く矛盾していることを言うという主旨のことをおっしゃっていました。

この方は「いい加減」を「あてにならない」という悪い意味でおっしゃったのです。これは、その方の理解が足りないなと思いました。一人ひとり、みんな違う因縁（原因と条件）で不登校になっている子ども本人やその家族の方を相手に、カウンセリングで誰に対しても同じことを言っているとすれば、そっちの方がおかしいのです。一人ひとりに即して、それぞれに「いい具合」「いい加減」の説法をすることは臨床の現場では当たり前のことです。それができなければ、臨床はやれません。

「いい加減」を学びながら育つということ

不登校の子どもとカウンセラーとしてつき合っていると、不登校をしている過程で自分なりに「いい加減さ」を身につけていくことをやってくれる子どもがいます。たとえば、ある高校生は家にひきこもっている間に、いろいろやっていましたが、料理に夢中になっていた時期がありました。料理の本を買ってきて、それを見ながら料理しています。親は「男の子が学校も行かんと料理することに一生懸命になっている、これでいいかいな？」と思っておられたようです。

その子が、あるとき、カウンセリングのなかで「先生、ボクはいまケーキ作りをしています」というのです。彼はケーキの本を買ってきて、それを見ながらやっているのです。何を作っているかというと「スポンジケーキ」を作っているらしい。彼は作るのが難しいというのです。「何がむずかしい?」と尋ねると、「具合がむずかしい」といいます。いろいろ材料を混ぜないといけない、その混ぜ具合がむずかしい、それに焼き具合がむずかしいといいます。その「具合」というのは、本を読んでもわかりません。「そういう具合というのは、実際にやってみて何回も失敗してだんだんわかってくるものや」と彼は言います。「なるほど、そうか、試行錯誤してだんだんわかってくるのか」と私は大いに納得しました。

そして「君は学校には行ってないけれど、でもとっても大事な勉強しているなあ」と感心して言うと、ちょっと得意げに「そうやろう。それに先生、ボク学校休んでいるうちに、体力が落ちているということがよくわかったわ」と言うのです。「どうして?」と聞くと、「いやな。材料かき混ぜるときに、けっこう力がいる。手が疲れてきて、しびれて動かんようになる。それで体力が落ちたということがようわかった。だから明日から腕立て伏せをやる」と言います。

「そりゃあ、大変だねぇ」と相槌《あいづち》をうつと、「そうやろ! 先生、スポンジケーキぐらいってバカにしたらアカンで、スポンジケーキ一つ作るのも大変やで」と答えます。「ホンマやなあ」と私。具合と加減、呼吸がわからんとうまくいきません。それは本を読むだけではわかりません。実際に自分の体をつかってやってみて、何度も失敗を繰り返し、試行錯誤しながら、具合、加減、呼吸がわかってくるわけですから、大変です。

「そうかあ、君ほんまにエエ勉強しているなあ、今度できたら持ってきてや」と頼みました。そうしたら、次の週に出来上がったのを持参してくれました。それは、それは美味しかったですよ。美味しさ＋αがありました。

不登校やひきこもり、「うつ」を越えて元気になるということ

スポンジケーキを成功させたから、すぐに学校に行けるようになったかというと、そんな問題でもありませんし、そんな話ではないのです。でも、ちょっとアルバイトに出ていけるようになったのです。それまでは朝になってアルバイトにいざ出かけようとすると、お腹が痛くなります。どうしてもアルバイトに出かけられませんでした。そういうことを何度も繰り返していました。

でも、「スポンジケーキ」を成功させたのちには、出ていけるようになりました。そして、そのアルバイト先で、いろんなおじちゃんやおばちゃんと出会い、おじちゃんやおばちゃんの話を聞きながら、「世の中には、いろんな考え、いろんな価値観をもって生きている人がいるのやなあ」ということがわかったと言います。自分がこれまで、狭い、狭い価値観と考え方で走っていたということに気づきます。そして、彼の心から「とらわれ」が少し落ちて心が自由に動くようになっていきます。

元気になっていくということはそういうことです。彼のように、不登校の子どもが元気になっていくプロセスというのは、具合や加減や呼吸がわかるようになり、自分や世界とのつき合い方がわかるようになっていく過程でもあります。不登校の子どものなかにも、「がんばり屋さん」が多いのです。それから完璧症で、宿題をだされたらきちんと完璧にやらないと学校によう行か

ない、係に選ばれたら、その仕事、役割を完璧に果たさないと気が済まない、それゆえに自分で自分の首を絞めて、しんどくなる、そういう子どもも少なくありません。

つまり、「いい加減」に学校とつき合えない子どもがけっこう多いのです。そういう子どもが、具合、加減、呼吸を体得しながら、学校と「いい加減」につき合えるようになることが課題になることも少なくありません。そういう子どもたちが、もし学校に戻るとすれば、それは前と同じような学校とのつき合い方ではありません。前と同じような学校とのつき合い方を崩して、新たな、「いい加減」で自分にとって「いい具合」の学校とのつき合い方ができるようになって、学校に戻っていくのです。

「競争環境」としての様相をますます強めている学校で、みんなが「明るく元気にがんばらないといけない」教育状況のなかで、子どもたちにそういう「加減」や「具合」「呼吸」を体得することを指導できる学校がいまどれだけあるのでしょうか?　学校に通っていたら「加減」や「具合」「呼吸」を学ぶことができず、不登校になってはじめてそれを体得できるというような学校であれば話になりません。

「うつ」の方もそうです。「うつ」の患者さんのカウンセリングもよくしてきましたが、「うつ」の患者さんのなかには、元気にバリバリがんばっていた頃の自分に戻ることが「治る」ことだと思っておられる方がとても多いような気がします。私は違うと考えています。「元の自分に戻ること」ではありません。元気に明るく「がんばる」自分が切り捨ててきた「自分の中の弱さや柔らかさ」などと、もう一度向き合って、それを自分のなかに取り込んで、より大きな、広がりのある自分、つまり、「いい加減」「いい具合」の自分、「いい呼吸」で自分と向き合える自分になって戻っていくのです。それが「治る」ということだと思っています。不登校の子どもやひきこもりの若者たちだって一緒です。

　私のような心理臨床家（カウンセラー）はそれを手伝うのです。「うつ」なら「うつ」、不登校なら不登校、ひきこもりなら、ひきこもりという「問題」と人生の途上で出くわしてしまった。そのことをきっかけに、いままでの自分とは違った、新しい自分に生まれかわって、そして再出発するのです。それが、不登校やひきこもりや「うつ」の人たちが、もう一度、自分の人生を生き始める姿なのです。

　ところが、「うつ」の患者さんとお会いしているとよくわかりますが、早く元のように「がんばれる元気な自分」に戻りたい、戻りたいと焦ります。しかし、それはまず不可能ですから、ますます自分を「ダメだ、ダメだ」「情けない！」と責めたり、悲観したりすることになります。それでしびれを切らして、そのまま無理をして復帰していく方がいらっしゃいますが、またしんどくなってしまいます。不登校の子どもだって同じです。ちゃんと自分を〝つくりかえる〟仕事をしないで、ただ現象的に目に見える形で学校に戻っても、それは本当に元気になったわけではないのです。早く学校に復帰しなければ、これからの自分の人生はないのではないかと無理して登校していた子どもが、自分で自分を脅して、焦り、余計につらくなっていくのです。

あるいは親や教師が、「おまえ、いつまでそんなことしているのか、おまえの将来どうなるかわからんぞ」「誰でもしんどいのだ。でもみんながんばっているのや、おまえもがんばらんかい！」と発破をかけて、しんどい状態にある子どもを、ますますしんどいところに追い込んでいってしまうことになります。

確かに、子どもが自分をつくりかえるよりも、学校の方をまずつくりかえろよと思う自分もいますし、そう思う方は少なくありません。でも、人生というのは生きる舞台を選べません。「いま・ここ」での勝負です。待ったなしです。「おまえ、学校がよくなるまで待っていろ」というわけにはいきません。「いま・ここ」の現実という相手がいるわけですから、相手と格闘しながら、ちょうどよい具合や加減や呼吸を体得して「いま・ここ」の現実と向き合っていくことも一方で大変に重要な課題なのです。「いま・ここ」の現実と向き合いながら、「具合」「加減」「呼吸」の〝あんばい〟がいいように生きることができるようになることもとても大事なことです。そうでないと、学校や社会を変える前に自分がつぶれてしまいます。

具合・加減・呼吸を置き去りにした生き方

具合・加減・呼吸は「肉体」を離れて存在しません。「お腹の具合が悪い」「体の加減が悪い」「呼吸が合わない」などという言葉に端的に表されているように、「具合」「加減」「呼吸」と表現できる〝あんばい〟は、肉体性を抜きにして存在しません。だから、具合・加減・呼吸がわからなくなっているのは、人間の肉体性が置き去りにされているからにちがいありません。

肉体性を忘れている土台に、人間が「生きもの」であることを忘れていることがあるように思います。だから、原発があれほどの事故を起こし、生きものと最も相性の悪い放射能を撒《ま》き散らしているにもかかわらず、まだ、こりもせずに原発を再稼働しようとしています。原発の再稼働を急がないとどういう不都合があるのかさっぱりわかりません。そういうことを忘れた政治は、肉体性を忘れた政治だといえます。

経済成長なしには幸せは訪れないという、「成長神話」の「思いこみ」か「妄想」に取りつかれた政治にしか見えません。そのことに気づかなければ、それは「病識」がないということになります。グローバル競争に勝ち抜くためという強迫観念に駆られて、生きものとしての庶民の大切な営みである「食って、糞して、寝る」ということが安らかにできるかどうかという切実な欲求を、無視するような政治であってはなりません。

そのような、今の社会の本質的な傾向は、子どもの育ちの過程にも染み込んでいます。多くの子どもたちは、学力テスト漬け、勉強漬けの生活のなかで、時間、空間、仲間のない「三間のない生活」を強いられ、自然や虫やカエルやメダカや鳥……などの生きものと触れ合い、友だちと体と体とをぶつけあい、失敗や試行錯誤をへて具合や加減や呼吸を体得していくような経験からきわめて疎遠に生きています。

だからでしょうが、「適当にやればいい」ということがわからず、「適当」にやることがとても苦手な人が増えてきている印象を受けるのは、私だけでしょうか？　親から「適当にやればいい」と言われて、その「適当」がわからずに、「そう言われるのがいちばん苦手だ」という若者に出あうことがよくあります。そういうことも、人々が「がんばり具合」「がんばり加減」「がんばる呼吸」がわからずに、ただひたすら、加減をわきまえず「がんばりすぎて」心身に失調をきたす下地になっているにちがいありません。

〝ジャスト・イン・タイム〟と一億総活躍社会

〝ジャスト・イン・タイム＝必要なものを必要なときに必要なだけ〟というトヨタ方式という生産管理方式があります。「コストダウンのため、トヨタ自工は今後、倉庫も在庫も一切持たない」と宣言しました。〝乾いた雑巾を絞る〟と言われるトヨタ式経営が、日本の国を覆っているようにもみえます。グローバル企業が競争に勝つための「効率的管理方式」が、国民の生活の隅々までを、いつの間にか覆いつくし、おとなも子どもも追い立てられ、絞られているようにみえます。安倍首相のいう「一億総活躍社会」とはそのような社会を目指しているのではないかと不安になります。

疲れてしゃがみこんでいる者も立ち上がって作業することを求められ、元気なものはコストのかからない、より効率的な動きやコースを走ることを強いられ、ゆったりとした生活よりも、徹底的に「改善」「改革」しつづけ、最大の利益を得ようとする生き方が善とみなされる社会になってきているのではないでしょうか。一九九五年の日経連による「新時代の日本的経営」の提言以降、企業にとって使い勝手のいい非正規雇用が大量に増えました。それは、〝必要なものを、必要なときに、必要なだけ〟という〝ジャスト・イン・タイム〟の方式の人間版のようにみえます。在庫を抱え込むのではなく、必要な人材を、必要なときに、必要なだけ雇う。そのことによって、できるだけ人件費を切り下げて、コストダウンを図っているということでしょう。

そういう「グローバル企業」の〝モノづくり〟の「効率的管理方式」が、ますます「人材づくり」の場としての様相を強めている学校にまで導入され、「明るく元気に前向きに」というスローガンが学校教育の隠れたスタンダードになり、教師も子どもも超高速道路を走らされるような学校生活になってしまっているように、私の目には見えます。

当然、それについていけない人たちが出ます。ついていけない人たちが「弱い、ダメな人」であるとは限りません。自分が「雑巾ではない」ことを全身で表すことができる人が、ついていけなくなることだって大いにあり得ることです。結果として不登校やひきこもり、「うつ」、意図せざる無業者やホームレスが生まれることになります。そうなるしか、汗を絞って〝明るく元気に、前向きに走る〟ことを強いられるアリーナ（競技場）から降りる手立てはありません。あるいは、自死してあの世に脱出するしかないのです。

ある不登校の子どもの問い

小四の男の子があるとき、突然「僕の家にはひきこもる部屋がないので、誕生日に鍵のかかる部屋をプレゼントしてほしい」とお母さんに言いました。お母さんは〝何を言っているの、この子〟と思ったそうです。私はその話をお母さんからお聞きしたときに思いました。彼は家庭や学校という身近な環境を通して、ヒシヒシと迫って来る「乾いた雑巾を絞る」ような「一億総活躍社会」の空気を感じ取ったのではないかと思いました。

それから身を守るためには、ひきこもれる部屋が必要だと、生きものとしての彼のするどい直感で感じ取ったのではないでしょうか。その子はその頃から学校が嫌いだと言いだしました。そのクラスでは日直になった子は、毎朝、ボクは〝いまこんなことをやっている。がんばっている〟とスピーチをすることになっています。彼は「そんな〝みんなの前で自慢をする〟みたいなスピーチなど嫌だ、そんなことはしたくない」とお母さんに訴えました。でも、皆がしていることを、自分だけやらないと、自分が〝浮いてしまって〟変な目で見られると彼は悩み、内心で葛《かっ》藤《とう》が強まっていったのです。

最近の運動会には、集団で一糸乱れぬ軍隊のような行動を演じる「集団行動」という演技があるそうですが、その窮屈さ、息苦しさに耐えられなくなる子どもが増えるのではないかと危惧《きぐ》します。私には「明るく、元気に、前向きに」の祭典のように見える運動会のあと、その子どもさんは「学校には行きたくない」と言いだしました。「なぜ学校に行かないといけないの？」と泣いていたそうです。

彼は「心ってどこにあるの？」「魂ってなに？」「人はどこからきて、どこに向かうの？」「人生ってどう生きたらいいの？」「何をしたらいいのかわからない」「僕にはやりたいことがない。人生に目標がない。夢がないのに学校の勉強やってもしょうがない」とお母さんに問いかけ、訴えました。子どもは一〇歳にもなれば、こんなことに疑問をもちます。そういう問いをはぐらかさず、しっかりと受けとめ、心に秘めた〝生き死に〟の問題をも一緒に考えられる学校であってほしいと思います。

そういう問いには、おとなだって簡単に答えを出すことはできません。でも、せめてそれをまともに受けとめてやってほしいのです。〝そんなことはおとなになってから考えたらよろしい（おとなになって考える人がどれだけいますか？）〟。いまはとりあえず、勉強するのが仕事でしょ〟こんなふうにしか言えない学校では、あまりにも情けないではありませんか。毎日、日直さんが前に出て、自分のことをスピーチするのは、おそらく、自己表現、プレゼンテーションの練習の意味もあるのでしょう。大学生がゼミの時間に、自分や自分のグループの発表を「プレゼン（プレゼンテーション）」と盛んに言い始めた時期がありました。そして、パワーポイントを使って格好よくプレゼンすることに凝るようになったのです。

私はそのことに違和感をもっていました。発表の中身、質を磨くよりも、プレゼンテーションの技術に力をいれるのは、本末転倒のごまかしではないかと感じたのです。実際、プレゼンテーションが、機器を使って、技術的に高度になればなるほど、中身が薄くなっていると私は感じました。自分の中身を磨くよりも、いかに自分を「よく見せるか」というプレゼンテーションの技を磨くこと、人目を引くように飾り立てることに血道をあげる風潮に、経済成長と商談優位の生き方を見るような思いがします。

そういう世の中の流れのなかで、一層、「人はどこからきて、どこに向かうのか」「人生ってどう生きたらいいのか」という、生きることにかかわる根本的な問いを忘れた時代のあり方を感じ取ってしまいます。私は驚いたのですが、そのような問いを投げかけた後に、その子どもさんは「このままだと、体ばかりおとなになって中身のない人になる」とお母さんに言ったのです。

ガンバリズムで走ってきた父親世代

過食症の娘さんに対して、あるお父さんは「近頃はなんでも精神的な病気にしてしまう。そんなもの甘え病だ」と言いました。このお父さんの言葉に代表される受けとめ方は「まじめに」「がんばって」働いてきた団塊の世代を中心とする年代の父親が、いまの子どもや若者たちに対して共有する印象ではないかと思えます。がんばって働いてきたという自負があるのかもしれませんが、その〝がんばり〟の中身を振り返って反省・吟味してみる必要があるように思います。

高校で不登校になった娘さんを持つお父さんとのカウンセリングのなかで、とても印象に残ったやり取りがありました。そのお父さんもやはり、ガンバリズムで走ってきた方でした。そのお父さんは四〇代です。自分自身ががんばってやってきて、同期の出世頭で地方公務員の管理職の位置にあります。娘にも同じように、励ましのつもりで「がんばれよ」と声をかけてきました。娘は順調に期待にこたえ一流進学校に入ったけれど、大学進学でつまずき、摂食障害を発症し、勤めに出ることになりました。勤め先では結構きちんとやっているようです。「家でもその一〇分の一でもちゃんとしてくれたら」という思いをお父さんはもっています。しかし、外でがんばるだけ、かえって家ではその疲れが出るのでしょう。

「おとうさん、〝がんばれ！〟ではなく、〝大丈夫か、そんなにがんばらなくても、ほどほどにしたらええんやで〟と、娘さんに言ってあげたらどう？」と助言しました。すると、お父さんは、「そんなことを言っていると、自分のエエところがなくなるような気がする」とおっしゃいます。「がんばってきたのが、唯一の自分の取柄」とおっしゃるお父さんは、それを否定するようなことになると自分のアイデンティティが揺らぐ気がするのです。家で娘に「そんなにがんばらなくてもいい」という調子でやれば、調子が狂って役所でもこれまでのようにやれなくなるのではないかと、不安を表明されます。

緊張、スピードを緩めると、管理職のレールからはずれて、違うレールを走らなくてはならなくなるという不安もあります。実際、お父さんは自分の職場でも、そういう例を見てきているとおっしゃいます。なるほど、やはり気を張り詰めて、がんばってきた日本の父親たちの中には、同じような思いをもつ人が多いのだろうと、思うのです。

がんばる生き方しか知らないのです。緊張を緩めると、ふにゃふにゃになってしまって、ダメになってしまうのではないかと不安に駆られて走っているようにもみえます。がんばりと緊張感が、自分の存在感を支えており、それをなくすと〝自分が自分でなくなる〟気がして、恐いのでしょう。自分がちがうあり方をできる自信がないのです。緊張を緩めると、自分がバランスを失い、メロメロになってしまうような気がして不安なのでしょう。緊張が常態化してしまって、緩めることができなくなってしまっているのでしょう。走ることが常態化して、ゆったりと歩くことができなくなってしまっているのでしょう。ゆったりすると、調子が狂ってガタガタになる気がするのです。

自転車で、スピードを出して走っていればバランスを保てるが、スピードを緩めると、バランスが取れなくなる。その感じは私にもわからないでもありません。このお父さんのように、自分を押し殺して我慢して生きてきたからこそ、我慢しないで音《ね》をあげるかに「見える」わが子の姿や、今時の若者たちの姿に我慢がならないのではないでしょうか？

我慢して自分を押し殺せないで、「病気」「症状」という形で「弱さ」を表現する子どもや若者たちに対する批判のまなざしの奥に、多少の「やっかみ」もそこには見え隠れするようにさえ感じます。本当に自分の生き方に自信を持ちそれに満足できているならば、違った人の生き方やあり方をすぐに否定的に決めつけたりしないものだと私は思います。

自分を抑圧してきた不満があるからこそ、その潜在的な不満や怒りが自分たちとは違う生き方やあり方をしている人間に対する否定的な言辞となって噴出するのではないでしょうか。そういう「よい子」的な生き方を引き継いでいる若者たちもいます。私の心理臨床のキーワードは「自分が自分であって大丈夫」という自己肯定感ですが、「自分が自分であって大丈夫」という言葉を聞いて、それに拒否反応を示す若者もいるのです。それは「わがまま」であり「甘え」だというのです。「自分が自分であって大丈夫」なんて思ったら、今の自分に居座ってしまって、もっと成長しようとがんばらなくなるのではないかと心配するのです。

成長の二つのあり方

私たちは、成長をどんなイメージでとらえているのでしょうか？　「資本主義」システムはつねに経済成長・生産力の成長をめざして走りつづけていなければなりません。そういう宿命をもったシステムです。そうしないとひっくり返るシステムです。強迫的に「金品とサービス」の拡張をめざすシステムのなかに生きる私たちは、そのイメージで成長をとらえます。

「金品とサービス」の拡張によってより多くの欲望を満たすこと、あらたな欲望を開発して新たな金品やサービスの供給をもたらすこと、それが成長だと思いこんでしまっているのではないでしょうか。そういう生き方を当たり前のように受けいれる人は、欲のない人間を成長欲、向上心のない人間であるかのように思いこむ場合もあります。他人の持っているものを、自分も欲しいと欲望を膨らませ、競争するようにそれを満たす努力をし、がんばるのです。そのことで成長し、向上すると信じ込んでいる人が多いようです。

「小欲知足《しょうよくちそく》」の価値観はどこに行ったのでしょうか。それでは、消費資本主義は生き延びられないので、そのシステムが生き延びるためには、つねに欲望を刺激し、ものを買わせることをしなければなりません。そういうシステムが、欲望をコントロールできない人々をつくり、欲望の充足を目指してがんばることが、成長につながると人々に思いこませているにちがいありません。まさにGDPの指標で示される経済の成長と、人間の成長を同一視しているようにみえます。そういう人にとっては、このシステムによく適応して、より多くの金品とサービスを得ることができるように、自分の性能を高め、自分を高く売れるようになることが成長なのだという思いこみがあるようにみえます。「できる」ことを増やすことが発達であると思いこんでいる人たちも同様です。

その人々にとって、未来とは成長とは、欲望充足の拡張です。そういう人たちは、地球資源も知的資源も無尽蔵に利用し得るということを前提に、成長し拡張する未来は無限に続くものという錯覚に陥っているのです。ですが、私が心理臨床家、カウンセラーとして見る世界は違っています。そこには自分自身と向き合い、これまで気づかなかった自分に気づくという体験がありま す。これまでの自分の延長線上を突っ走り、自分を拡張させていくのではありません。今まで自分では気づかなかった自分に気づくことで、新たな自分に出逢うのです。

これは、何かをめざし、自分を外側に拡張変化させるという営みとはかなり異質です。「かくあるべし」という枠組みや自己限定によって視野狭窄《しやきょうさく》に陥っていた自分を解放して、「あるがままの自分」とふれあい、小さく限定されていた自我をより広く解き放っていくプロセスです。そこでは成長や成熟についての大きなイメージの転換が生じます。

ある目標、理想（実は「かくあらねばならない」）に向かって、自分を鍛えて変化させていくという成長のイメージとはかなり違う成長のイメージです。自分を縛っていたもの、自分がとらわれていたものから、自分を解放していくというイメージの成長です。そういう成長観からみれば、欲望とそれを満たす金品とサービスを拡張することで達成する成長は、ただ「欲にとらわれて、同じ軌道を走っている列車」のようなイメージです。そこには真の意味での変化、少なくとも価値観や人生観の変化はないのです。

カウンセラーの私にみえる成長のイメージは、「かくあるべき」というあるべき姿、理想像へと自分を形成していくというのではありません。むしろ「かくあるべし」という「我」のとらわれから自己を解放し、自由になっていくというイメージです。

私のゼミ生だった一人の若者が卒業研究のなかで明らかにしたかったことは、「私はなぜ本当は望んでもいない『理想の自分』に近づこうとしていたのか？」という疑問でした。彼は「自分の望んでもいない自分の姿」をめざしていたにもかかわらず、そのことにまったく気づかなかったといいます。むしろ、それを自分が望んでいると錯覚していたのです。そのような、錯覚あるいは自己欺瞞《じこぎまん》がどうして生じたのか？　彼はそれを突き止めたかったのです。彼は、成人したのちも「自分の頭で考え判断し、自分の心で自分の行動や人生を決めることができないでいる」ことに気づきました。自分が人生の主人公になることの前に立ちふさがる壁の正体を見極めないと、一歩も前に進めないように感じたのです。

そして、親と自分との関係を振り返り、そこにメスを入れる作業をしました。その結果、彼に向けて放たれていた「母親の口癖」に気づいたのでした。「そんな子どもに育てた覚えはないよ」という言葉、その言葉によって自分に「母を泣かせるようなことはできない」という縛りがかかりました。もしそんなことになろうものなら、強い〝負い目〟や〝罪悪感〟を負わされることになります。

「あんたたちは〝よい子〟なんだから……」という言葉にも気づきました。その言葉によって「〝よい子〟だから〇〇でなければならない」という呪縛がかかります。「あんたたちが幸せならば、私は幸せ」という言葉にも気づきました。その言葉によって「私は幸せでなければならない」という責任を負わされます。

彼の中学時代はとても忙しいものでした。だから一人になれる時間や友だちと遊ぶ時間はほとんどありませんでした。一人になれる時間が少なかったこともあって、彼は自分の生活や人生についてじっくりと考えることもできなかったのです。友だちと話をする機会も少なく、同時代の仲間がどんなことを考えているのかもわからなかったのです。部活動と勉強に一生懸命になっていれば、父親から叱られることもなく、母親も喜んでくれる。こうして彼は過去に人生の主人公へと自立する機会を逸したことを残念に思ったのです。

「がんばり屋」の「よい子」

「自分が自分であって大丈夫」という「自己肯定感」にたいして、成長をめざす競争レースを突っ走っている人は違和感を持つようです。がんばっている人間には、「自分が自分であってよい」というメッセージは「わがまま」を推奨する危険なメッセージのように聞こえるようです。実は、そのメッセージはがんばることをよしとする「よい子」にとらわれた自分のあり方から、自分を取り戻すことを問いかけ、鼓舞するメッセージになるはずなのですが、彼らにはそのように感じられないようです。

自分という存在を、「よい子」という狭く限定した自分に閉じこめてがんばることが、「成長する」ことであり、閉じこめていた自分を解放し「よい子」の自分からはみ出す自己を見せることは、彼らにとっては「わがまま」だと感じられるようです。その感じ方は私にもわからないわけでもありません。私もずいぶん「よい子」をやってきましたから。でも、その私の心には疑問があります。「よい子」として「あるがまま」の自分を押し殺さないで生きる人間は「わがまま」なのでしょうか？　自分を押し殺さないで、自由に「あるがまま」を大切に生きる人間は「甘えて」いるのでしょうか？

「あるがまま」の自分を殺さないで、それを大切に生きることが「わがまま」だという見方をする「がんばり屋」の「よい子」たちが、少なくありません。彼らは「よい子」というあり方に自分を狭く限定し、そこからはみ出す「あるがまま」の自分を支配しコントロールできることを「強さ」と感じます。そして「あるがまま」を閉じこめ、いつも「かくあるべき」自分で生きているがゆえに、そこからはみ出す自分の「弱さ」を許せないのです。彼らはそういう他人をも許せません。

そういう不寛容さは、自分自身が人の期待に応えられない自分、「よい子」でない自分になったときに、すぐに反転して「自分はダメな奴だ、情けない奴だ」と自分を貶《けな》す、強い自虐性やマイナス思考や自己への過小評価に結びつきます。「かくあるべし」という強い強制的な価値観によって縛られている彼らは、自由で公正な認知ができないようです。認知に強いバイアスがかかります。そういう認知の歪《ゆが》みをもつ彼らは、「自分が自分であって大丈夫」という感覚をもつことに負い目や不安を感じるようです。

「かくあるべし」という理想に向かってつねに邁進《まいしん》すること、それが彼らにとって成長することであり、それを怠ることは即「甘え」であり、「現状」に甘んじることになるからです。「自分は自分であってはダメなんだ」とつねにいまの自分を否定し、叱咤激励《しったげきれい》して前に進むことを自分に強制することが、彼らにとっての「強さ」であり、そこから少しでも手を抜くことは「甘え」であり、「弱さ」であり、「怠け」なのです。

「がんばり屋」の「よい子」の反「自然性」

「よい子」のがんばりは「生きもの」の自然さを失わせます。この「がんばり屋」の「よい子」という性格を鎧《よろい》のようにまとった人は、自身の感じるネガティブな感情や欲求、自分が楽になることや休むこと、疲れを感じることがいかに自然なことであろうと、そのこと自体に罪悪感をもつ傾向があります。自分のなかの自然なことを「あるべきこと」ではないこととして否定するように条件付けられているようにさえ見えます。少しでも自分のなかに生きものの自然さが見えると、「よい子」の自分のイメージが壊されるかのように恐れます。

いのちや生きものは一瞬とて一所《ひとところ》に留まっておらず、流れて、変化していくものです。それがいのちであり、生きもののあり方です。生きているということはそういうことです。変化しないものは死せるものです。「よい子」というあり方に自己を強く限定し、固定することは、自分を生きものとして殺すことになりかねません。「よい子」であるべく、「よい子」から一歩もはみ出さないように、封印してきた自然な感情を持つこと自体がいけないことだという感覚をもちます。それは生きものとしての自分を封印していることです。ですが、いくら自分の生きものの部分を封印しようとしても、自分は生きものであることから逃れられません。

生きものであるのだから、自然の欲求や感情をもつことが生きものとして当たり前であり、それに逆らって生きることこそ不自然なのです。でも逆に、自然の欲求や感情に従ってそれでよいのだと思えるとき、彼らはそういう自分をゆるし、心からホッとすることができるのです。でも、なかなかそうできません。たとえば、ある「よい子」たちは生きものとして当然の疲れを、怠惰なものと感じます。〝母親が死にそうな時でもその横でお腹が減ってものを食べたいと思う自分〟を、〝なんて卑しい奴〟なのだろうかと思ったりするのです。

彼らは、生きものとして自然体でリラックスして、ほんわりと柔らかくしていることができません。いつも緊張し、自分のなかの自然に生じる何かを嫌悪し、拒否しているようにみえます。そのことを自覚できても、なぜ自分が緊張し、なにを嫌っているのかその正体を見極めることができず、その苦痛から逃れるために、そこから目をそらすのです。目をそらすために、たとえば服装やルックスに異常に注意を払ったり、競争に勝つことに邁進《まいしん》したりします。まるで自分の正体を隠すために一生懸命厚化粧をしているようにもみえます。

摂食障害の女性には「よい子」が多いのですが、食べ物のことに意識を集中し、それだけを見つめる視野狭窄になって「食べ物」だけにとらわれていた方が楽であるように見えます。余計なことを視野に入れず、悩まなくてもすみます。自分の嫌なところから目をそらすために、一点に注意を集中させるのです。自分の行動に目を凝《こ》らすと、「がんばり屋さん」になります。だから、食べ物のことだけを考えていたところから、現実と向き合って考えるようになると、いろんな問題がみえてきて抱えられなくなり、しんどくなるのです。「よい子」はただ一点に自分の注意を固定します。それは「よい子」という枠であり、型であり、形であるのです。中身ではありません。彼らは、生きものとして生きている自分の中身には、さして注意を払いません。かくあるべしという規範・形にはまっているかどうか、それによって、不安になったり、安心したりするのです。

「あるがまま」を受けいれるということ

不登校の子どもやひきこもりの若者に対する支援の現場でも、「あるがまま」という言葉がよく使われます。〝「あるがまま」の息子さんを受けいれてあげてください〟〝娘さんを「あるがまま」に認めてあげてください〟……というふうに使われます。その場合、それは何を意味しているのか、よく自覚されずにその言葉が使われていることも少なくありません。

親は子どもに対して「こうあってほしい」「かくあらねばならない」という希望や期待をもっています。そしてその希望や期待に背《そむ》く子どもの姿を受けいれられなかったり、そういう子どもの現状を認められなかったりします。そして、そのことに大いに不満をもち、嘆き、怒り、その感情を子どもにぶつけることも少なくありません。

それでは当事者の子どもや若者は自己否定の感情に追い込まれ、その感情に圧倒され、元気になっていくことができません。だから、まずは学校に行けない、社会に出ていけない子どもの現状をそのままに認め、受けいれてやることが望まれるのです。そういう文脈で「あるがまま」という言葉が使われます。つまり、自分の望みや欲求、期待を少なくとも一時「棚上げ」して、いま子どもの陥っている現状をそのままに認め、受けいれてやるというぐらいの意味です。

これがまた親にとっては大変なことです。子どもに対する期待、願望を「棚上げ」することは簡単なことではありません。子どもを自分の分身と心得て、子どもの出来不出来で、自分の価値が計られるかのように思いこんでいることもあります。子どもが自分の作品であるかのように感じていることもあります。その子どもが不登校やひきこもりという「面目ない」状態に陥ると、まさに自分の面目がつぶされたかのように、七転八倒の苦しみを味わうこともあります。

そんな親に、子どもに対する期待や希望を「棚上げ」して、あの「情けない姿」の「あるがまま」を受けいれるなどとは、至難の業《わざ》です。極めて受けいれがたいものを受けいれる、認めがたいものを認めるという荒技を要求されることになるのです。大多数の親は、子どもに何ほどかの希望や期待をかけて子どもを育てています。子育てそのものが、子どもの「あるがまま」を認めたり、受けいれたりするのではなく、「這《は》えば立て、立てば歩め、の親心」というように、つねに「成長」し「発達」することを期待していることだと思っていたりします。「あるがまま」を認め、受けいれるということは、現状に留まることを意味するのではないか、成長し、発達することを望まないということになるのではないか？　こんな疑問をいだくことになります。

ダメな子どもの姿を受けいれることは……

「情けない、ダメな姿」を「あるがまま」に認め、受けいれることは、成長し、発達することをあきらめるということなのか？　そんなことはありません。「いまの現状」をあるがままに認め、受けいれることは、明日の成長、発達を、望まず、期待しないことではありません。いやむしろ、「あるがまま」を認め、受けいれるからこそ、明日の成長発達が可能になるというところがあるのです。

人間は新幹線のような「機械」ではありません。生きものです。生きものは、それなりのプロセスを通って成長し、発達します。途中の駅をすっ飛ばして成長し、発達することはできません。三歳の子どもは、三歳の経験をしっかりとすることで、つまり三歳の「いま」をしっかりと生きることで、三歳でなければできない経験をし、その経験から得たものを土台に四歳へと旅立つのです。その積み重ねが成長であり、発達です。必要な経験をしないで、成長、発達はありえません。必要な経験をすっ飛ばすことはできないのです。

そういう文脈でみるなら、「あるがまま」を認め、受けいれるというのは、三歳なら三歳の「いま」をあるがままに認め、受けいれるということです。三歳の子に四歳の子どもにできることを望まない、期待しないということです。それをやると、稲が早く伸びるようにと、稲を引っ張り上げて稲を枯らしてしまった愚かな百姓と同じことをすることになります。今日、流行の「小中一貫校」や「中高一貫校」づくりは、できるだけ早く、競争のアリーナに子どもを引っ張り上げようという魂胆のなせるわざであり、下の学校の子どもたちを上の学校のカリキュラムに引っ張り上げようとするものです。

それに対して「あるがまま」を認め、受けいれるとは、「いま」この生きものに必要なことを、しっかりと経験させてやることです。そのことを抜きにして、次のステージへの成長、発達はありえません。病気も同じです。病むには病むだけのわけがあるのです。不必要に病んでいるわけではありません。病むことも「生きもの」の「いのち」の働きの現れです。病気のプロセスで生じている「いのち」の働きがとどこおりなく展開するように、余計なことをすることを慎み、その働きが順調に進むように手助けをする。それが医者の務めです。

ところが、経済社会の論理が一面的にまかり通ると、その生きものの成長・発達の論理が通用しなくなります。「生きもの」である人間を「人材」として使い、企業の儲《もう》けや経済成長のために貢献させることが、最優先の課題になります。そうすると、「生きもの」としての成長、発達は視野の外において、「人材」としていかに効率的に養成するか、「人材」としていかに有効に活用するか、という発想ばかりが先にでます。

そして、「人材」として成功することばかりが重要視され、その観点から、病気になったり、不調に陥ったりしている人間を評価し、対応することになります。その観点ばかりがまかり通ると、「病気」や「不調」の期間は、できれば早くやりすごしたい「コスト」のかかる「無駄」としか評価されません。それも「生きもの」「いのち」のレベルでは必要不可欠な大切な経験であることが忘れられてしまうのです。「不登校」や「ひきこもり」や「うつ」も無駄なコストのかかる「やっかいごと」でしかないことになります。

こういう発想がまかり通る社会の現状から、おそらく生まれた若者たちの性向が、「苦しみ、悩む」ことをダメな奴が陥るドジな境遇としてマイナスにしか受けとめられない傾向です。「苦しみ、悩む」ことを人間の成長のために不可欠の貴重な経験だとは受け取れないのです。それはあくまでも、自分のキャリアに傷がつく、余計な「やっかいごと」でしかありません。その証拠に、その余計な「やっかいごと」を他人に語るなどもってのほか、そんなことを語れば、相手に迷惑このうえないことだとしか考えられないのです。

人生には、苦しみ悩まないと気づかない大切なことがあります。苦しみ悩むことで初めて手に入れることができる人生の「贈り物」があります。苦しみや悩みを相手に語ることは、その大事な気づきや「贈り物」を共有することにほかなりません。そんな大事なことを「やっかいな」コストであるかのように扱う——なんと愚かで、底の浅い社会になったものか、なんとあさはかな人生の見方になったものかと私は思います。

経済活動も生きることの重要な一要素ではあっても、すべてではありません。人間が経済活動のためだけに生まれてきて、生きる存在だとは誰も思わないでしょう。ましていわんや、食べるために奴隷のようにこき使われ、疲れ果てて、考えることすらできない人生を生きることが、生きることの目的であり、意味だとは誰も肯定するわけはないでしょう。

「あるがまま」を認め、受けいれることの必要性

「あるがまま」を認め、受けいれることの必要性を説得する一番簡単な説明は、次のようなも

のになるでしょう。いま子どもは特別に傷つき、弱った状態にある。だから健康なふつうの状態の子どもとはまた違った特別な向き合い方、扱い方を必要とするのだという説明です。「おまえは日頃鍛えておらず体力が弱い、だからすぐに病気になるのだ。だからもっと鍛えなさい」といって、寒い雪の降る外の世界に病気の状態にある子どもを追い出すようなことはしないのと同様に、「不登校」や「ひきこもり」「うつ」のわが子の動けない現状を認め、受容して、傷を癒《いや》し、弱った心の回復を待ってやるということです。その説明はわかりやすいと思います。

ただ、この説明が通用するのは、たかだかある限られた期間だけです。その期間は人によって違います。短気な人だと短いし、気の長い人だと長くなります。ですが、一年、二年ということになると大抵の人はしびれを切らします。そうして、「あるがまま」を認めてやり受けいれてやっても、「全然動き出さないではないか」と文句を言い始めます。明らかに風邪や肺炎、骨折や怪我とちがって、時間が長くかかりすぎます。だから、先のような説明と説得だけでは人はもちこたえきれなくなるのです。そして、やはりこういうやり方は、甘やかして怠けを助長することにしかならないと一面的に決めつけるのです。

だから、このような我慢してしびれを切らすような「認め方」「受けいれ方」「待ち方」では、とてもじゃないが「あるがまま」を認め、受けいれることを成就《じょうじゅ》しきれないのです。そこで必要になるのが、「我慢して認める」「我慢して受けいれる」「我慢して待つ」という域を超えた人間になっていくことです。すなわち、待つ側の人間の「自己変革」です。

自分自身のなかにある、世間体や自己愛を削ぎ落とし、世間的なモノサシや価値観でのみ生きてきた自分のあり方を自己変革していくというつらい仕事をすることになります。それはすなわち、人間が自分自身の自己愛的な「我」（エゴ）欲を削ぎ落としていくことです。仏教でいう「大人《だいにん》は小欲なり」という意味での「大人」になっていくことです。その修行を経て、はじめてものごとを「我」（エゴ）という色眼鏡をとおしてではなく、「あるがまま」にみることのできる自己になっていくのだといえます。

〝なんだ！　それは宗教ではないか〟という人がいても不思議ではありません。まさに「宗教」的な営みです。なにも「何々教」という教団宗教だけが「宗教」ではありません。宗教とは「大元の教え」「根本的な教え」のことであるがゆえに、「生きることにかかわる最も大事な教訓」に気がつき、これまで自分がとらわれていた世間的な価値観から自らを解放していく営みになります。そういう営みは、すべて「宗教」的だといってよいのではありませんか。そういう意味で「宗教」的な営みだといえるのです。そのことによって、本当に子どもとの関係性を変え、子どものあるがままをまるごと受けいれることができるようになるのです。

3 「がんばる」を考える

「がんばらなくてもいいんだよ」というメッセージの意味

「がんばらなくてもいいんだよ」というメッセージを発する人たちが増えています。それはどういう意味で言われているのでしょうか？

今の社会は、能力主義、効率主義で走っています。そのなかでの「ガンバリズム」の支配に異論を唱えているのだと思います。「できることはいいことだ、早いことはいいことだ」という価値観にとらわれた「がんばり」。「できない奴はダメな奴だ」「早くない奴はダメな奴だ」という脅しに駆られて、がんばって走っている人間のしんどさ。そういう実態に警報を鳴らすメッセージなのではないでしょうか。

『障害をもつこと・共に生きること』（明石書店、二〇〇三年）の著者である堀正嗣《まさつぐ》（熊本学園大学社会福祉学部教授）さんも、その一人です。堀さんは次のように述べておられます。

〈障害者は今の社会で生きていくのに大事だとされる「何か」が「できない」「できにくい」という部分をどこかもっています。障害が重い人になればなるほどそうです。そして、そのために「ダメ人間」のようにみなされます。この「できなさ」を理由にした差別が障害者の生きにくさの大きな原因になっています。そして、「できないことにも価値があるんだよ」と考えることができれば、障害者は決定的に楽になります。それは自分自身を存在の底から肯定することができるからです。また、「できないことにも価値があるんだよ」というメッセージはすべての人が楽になっていくメッセージだと思います。私たちは「できる」ことをめざしてがんばることがいいことだと教えられてきました。しかし、誰にも「できないこと」や「がんばれないこと」や「やりたくないこと」があります。そんな自分を否定しながら、できることを競い合ってみんな無理してがんばって生きてきたのです……〉

私たちは、こうして「できなさ」や「しんどさ」をも含めて、「あるがままの自分」を肯定することができない生きづらさを感じながら生きてきたというわけです。私もこの主張にとても共感できます。ただ、「できないことにも価値がある」という主張が、とてもわかりにくい人が多いのも事実ではないかと思います。

「できないことにも」だから、「できることにも価値がある」ということでしょう。そうでないと〝学校で「できる」ようにがんばることを促す教育は否定されるべきなのか？〟ということになります。そうすれば教育は成り立たなくなるのではないかと思う人もいるでしょう。私のなかにもそういう疑問があります。その辺りをどう考えたらいいのでしょうか？

その辺は、一つには「教育」の仕事と「癒《いや》し」の仕事との価値観の相違を踏まえなければ、議論が混乱するのかもしれません。教育では部分的な能力や特性を伸ばすことも大事な課題です。そのプロセスでは、ここまで来たらその上をと、がんばって力をつけることを援助する営みもあり得るわけです。それに対して「癒し」はまるごとの尊重を重視する。「できない」ところも受けいれることが援助の営みです。そのウエイトのかけ方によって、微妙にメッセージのニュアンスが変わってきても致し方がない面があると私は思います。そのメッセージが発せられている文脈に即して、その意味を正確に受け取ることが大切であり、メッセージを受け取る方にはその力を要求されるでしょう。

「できないことにも価値がある」とは？

「できないこと」それ自体に価値があるのでしょうか？　たとえば、「人を傷つけることを無視して自分の思いを主張することができる」ことは価値があるのでしょうか？　「たくさんの人間の命を奪うことがわかっていながら、ミサイル発射のボタンを押すことができる」「心身に変調をきたしてまでがんばることができる」ことに価値があるのでしょうか？　そういう場合、常識的に判断して「できない」ことに価値があると考えられます。

当然「できること」にも内容によっては価値があるどころか、反価値になることもあるのです。反価値になることを「できない」ことにも価値があるというなら、それはその通りだと思うのです。でも「できることはよいことだ」と「できる」ことに価値を置く人は、そんなことは当然前提にして判断しているのだと、ひとまず考えます。常識で考えてもそんな反価値になることをできることにも価値があるのだとは心ある人なら誰でも思わないでしょう。とくに今日のように、科学・技術の進んだ世の中では、技術的に可能なことを「できる」からといって、それをやってしまえば問題のあるケースがいくらでもあり得ます。たとえば、遺伝子を操作して、親好みの「赤ん坊」をつくることができるからといって、それを実際に「できる」ようにすることがよいことだといえないでしょう。

それでは「できないことにも価値がある」とはどういうことなのでしょうか? 私は、耳がわるくて人並みに聴き取ることができません。聴力にハンディがあります。そのこと自体に私は価値を置いてはいません。ただ、耳が悪かったおかげで、たとえば人の話を一生懸命に聴く力を身につけてきたと思います。そういう意味では「人並みに聴くことができない」ことをプラスに転化してきたとはいえるでしょう。つまり「人並みに聴くことができない」ことに価値を自分でもたらしてきたともいえるのです。そういう場合も考えられます。さらには、もっと大事なことは、「できない」ことによって、人の援助ややさしさがその周囲に生まれ、広がることです。それは大きな価値でしょう。そういうふうに視野を広げれば、「できないことにも価値がある」といえます。「できる」人ばかりになれば、そういう援助ややさしさが生まれる機会が失われるのではないでしょうか？

堀さんは、徳田茂さんの「そのとき　私は」（『子育ては自分育て』青樹社、一九九六年、所収）という詩の一節を紹介しています。

「抱かれてしか動けない子の　信じきったまなざしが　私の心を解きほぐす　そのとき　私は癒される」

相手を信じきって自分自身をゆだねている姿の中に、「癒し」につながるものを感じさせられます。「できないことにも価値がある」とはそういう「癒し」につながる価値を予感させるものであるのでしょう。堀さんは「障害者との出会いのなかで、あるがままでお互いをかけがえのないものとして肯定し、共に生きていく生き方に気づくことができます」といいます。そういう堀さんの体験の中から、「できないことにも価値がある」という言葉が出てくるのだと私は感じます。そういうバックグラウンドに即して、堀さんの言葉を受け取りたいと思うのです。結局「がんばらなくてもいいんだよ」というメッセージの持つ意味は、あるがままのまるごとを尊重しあえる生き方を価値とするメッセージなのだと思います。それは「部分」が「まるごと・全体」を乗っ取っている今の社会のありよう、生き方に対する異議申し立てであり、違う価値観の提示なのだと思います。

「がんばれ」という言葉の響き

堀さんは次のように述べています。「がんばることが私たちの社会では価値あることとされています。本当に小さいときから『がんばれ、がんばれ』と言われて私たちは育ってきました。がんばって何かができるようになること、人よりうまくできるようになること、そのことに価値があるんだと教えられてきました。そして、『がんばることはいいことだ』という価値観を私たちはみんな内面化してきたのです……がんばれということばには、ありのままを認めない響きがあります……それなのに私たちはなぜ、自分に対しても、人に対しても『がんばれ』と言ってしまうのでしょうか。それは、私たち自身がありのままを認めてもらえなくて、がんばることによってやっと自分を認めてもらってきたからです。がんばらないと見下されたり、見捨てられたり、独りぼっちにされてしまう、そういう恐怖心があるからです」。

そう。いまの社会での「がんばれ」という言葉には「がんばらないと見捨てるぞ」という脅しの響きがあるのです。「がんばる」のは、その脅しによる恐怖に駆り立てられてがんばるのです。すべてがそうだとは私は決して思いません。でも、そういう脅しに駆り立てられる「がんばり」が支配的になっているのではないかということです。つまり、恐怖に駆られての「がんばり」に私たちは疑問を提示しているのです。堀さんは自らの経験として、「楽に生きよう」などというと、がんばらない子がでてくるから、気をつけて言ってほしいと言われたことがあるそうです。私も同じことではないですが、似たような質問を受けたことがあります。教育研究集会の登校拒否・不登校の分科会で、「あるがままの自分でいいんだよ」なんて言ったら、「子どもたちは自分の成長にむかってがんばらなくなるのではないでしょうか？」「これでいいんだと、易きに流れて努力しなくなるのではないでしょうか？」という質問が出ました。よい質問です。多くの親や教師の心にうまれる正直な疑問だと思います。

堀さんは「でも、私は価値観として、一度『がんばる』ことを完全に否定しないと、本当に楽にはなれないと考えています」と言い切ります。そして精神病当事者で理論家でもあった香川悟さんの『〃分裂病〃の社会学――精神障害者解放への視座』（一九七七年、灰色文献）に書かれている「無為の論理」を引用します。「この無為の論理は『勤勉』の論理と対極をなすもので、『なにもしないこと』『ぼんやりすること』さらに誤解を恐れずにいえば、『サボること』『怠けること』などをその具体的な内容となすこと」と言います。香川さんは日本語の「ゆたか」の語源は「ユタ」（ユッタリ、ユックリ）にあるということに注目して、「ユタ」を極限までおしつめたものが「何もしないこと」だと言っているそうです。堀さんは、「私たちはなにもしなくても、そのままでかけがえのない存在なのだ」ということを、障害を持つ人に教えてもらったといいます。だから、「がんばらなくてもいいよ」と言ってあげることが、誰にとってもその人を肯定することになるのだ、と堀さんは主張するのです。

私も、不登校やひきこもりの子どもや若者が、「自分が自分であって大丈夫」という自己肯定感を獲得して元気になっていくには、自分が何もしなくても、役に立つことをしなくても、周囲の目に有意義に見えることをしなくても、あるがままの自分がそこにあること（存在そのもの）を受けいれられ、肯定される体験がどうしても必要であり、そういう「居場所」が必要だということを、私の心理臨床実践からよく知っているし、そのことが大事だというメッセージを送り続けてきました。そういう意味で、私は堀さんの言葉をよく理解できるのです。

「がんばる」ことをすべて否定？

「がんばらなくてもいいんだよ」というメッセージは、「がんばる」こと自体をすべて否定するメッセージなのでしょうか？　それは「がんばってはいけないよ」というがんばることを禁止するメッセージと同じなのでしょうか？　「がんばらなくてもいいんだよ」というメッセージは、赦《ゆる》しのメッセージであり、「がんばってもいい」という余地がふくまれてのメッセージだと私は思います。

ただしその〝がんばり方〟に条件があるということでしょう。脅しと恐怖によって無理矢理がんばるような〝がんばり方〟はしなくてもいいんだよというのが本意であると私は受け取ります。私自身の過去や現在を振り返り、自分の心に正直に問いかけてみても、「がんばるときにはがんばらにゃあ」と素直に思います。そこまで否定するような「がんばらなくてもいいんだよ」というメッセージであるならば、それはそれで逆のとらわれや無理を感じるのです。
世の中には、ある言葉やメッセージがでてくるとその言葉にとらわれて、自分の発想をそのなかに閉じこめてしまう人がいます。言葉にとらわれて、自由な発想や考え方ができなくなるのです。私は「あるがままで、がんばっていいんだよ」という題で講演したこともあります。「がんばる」という言葉自体に拒否反応をもつ人もいることでしょう。「がんばる」ということについて、ここで問答したような問題について、そういう人にはちょっと我慢してもらって、それこそちょっと「がんばって」一緒に考えてもらえればうれしいです。

「あるがままで、がんばればいいのだよ」

一〇年ぐらい前のことですが、大阪のあるところで、いまの子どもや若者たちの生きづらさについて、語り合うシンポジウムがありました。そこで私もお話をさせていただいたのですが、その時にお話しさせていただいたテーマが、「しんどさを誰にも言えない子どもたち」というものだったのです。その話のなかで、私は「登校拒否・不登校の子どもたちは、脅されては立ち上がらないよ。脅されてがんばることはしないよ。不登校の子どもたちの立ち上がるときの姿から、そういうことを教えてもらえるよ」と話しました。人間が本当に「がんばる」気になり（「がんばる」という言葉がふさわしいのかどうかわかりませんが）、自分の成長や、あるいは人生にまともに向き合ってチャレンジして行く、そういう力を発揮するときは、脅されてではないのだという話をしました。

それとの対比で、いまの日本人の「がんばり」は、なにやら、「がんばってなかったら、見捨てられるのではないか」という不安や恐怖に駆られてがんばっているようにみえます。そういう「がんばり」は、人間の成長や人生の豊かさや、幸せというものと結びつかないのではないかと、そういう話をしたのです。でも、本当に心から勇気を振り絞ってチャレンジしていくような、そういう時って人間にはあるわけで、そういうことを支える「がんばり」は必要なものだと私は思っています。だから、「脅されなくても、がんばっていいのだよ」という話をしました。妙に屈折した言い方でしたので、この言い方はなかなかうまく伝わらないのですよね。「それってどういう意味や？」という声が強かったので、「あるがままで、がんばればいいのだよ」という言い方に変えました。

4　心理臨床家のする仕事──「がんばり屋さん」と向き合って

（1）心理臨床の価値・役割は何か？

社会状況がこれだけ悪ければ、心に問題を抱え、調子が悪くなる人が増えても当然ではないか？　だったら、心の問題を解決するためには、心をいじくるよりも、社会状況を改善する方が先だ。そうしないと心に問題を抱える人は増えるばかりだ。心の専門家は問題解決にどういうふうに役立っているのか？　そういう問いを持つ人も少なくないのではないかと思います。

私は心理臨床家として「心の問題」と向き合うことを通して、社会の問題と向き合ってきました。カウンセラーは、個人の心を深く覗《のぞ》き込みますが、そこには世の中が映し出されています。ですから、個人の心を通して社会のありさまが見えるのです。だから、私は個別具体の「心の問題」をくぐり抜けて社会や教育のあり方を批判的に問題にしてきました。同時に具体的に問題を抱えた人々を主にカウンセリングという方法で「援助」してきました。その援助の経験のなかから、いまの社会が一人ひとりの個人の心に何をもたらしているか、人々の陥っている心の病理や社会のひずみが、一般的にではなく、個別を通して具体的にリアルに一般の人よりもよく見えてくるのです。

社会システムがもたらしている心の病理

「自分がダメだからこうなるのだ」と自分を責め、自分を否定する。そういう内面的な自己否定感に取り憑《つ》かれている人がたくさんいます。その背景には一人ひとりの個人が人材として使われ、比べられ、評価されるという新自由主義的な「個人化」された社会があります。人材は求められる能力、特性に劣っている部分があれば、それによって「ダメな奴」とまるごと否定されるのです。そういう評価を内面化して、役に立つ特性や能力を欠く自分を「ダメな奴」と全否定し、責め、嫌うのです。

そういう自己否定のスパイラルから抜けられないと、元気になれません。このような自己否定は社会的な評価をめぐる問題（業績主義、評価主義）であると同時に、心理的な問題（育ちの過程で形成した人格や心性の問題）でもあります。たとえば、まるごとの自分の存在を肯定できる「自己肯定感」をもつ人は、自己を人材と同一視しているような人よりも、こうした評価に深く傷つかない耐性をもちます。

存在レベルの自己肯定感と自己効力感や自己有用感（人のために役に立っている自分もまんざら

でもないという手応え）に基づく自己肯定感は、同じではありませんし、後者でもって前者を代替できるものではありません。とても人の役に立つ有能さを発揮している人物が自分の有能さに自信（自己効力感、自己有用感）を持ってはいても、存在まるごとを肯定する自己肯定感をもっているとは限りません。

むしろ、そういう人物がしばしば、自己肯定感を欠き、その埋め合わせのために一生懸命他者の期待に応え、がんばり、有能性を発揮することによってかろうじて自己の存在を肯定しようとがんばっていることも少なくありません。その人々は成果を上げても達成感はありません。失敗しないでやり終えたという束《つか》の間の安堵《あんど》感しかありません。彼らは人の期待に応えることに失敗すれば「見捨てられる」という恐怖に駆られて生きているかのようにみえます。つまり期待に応える「よい子」でないと見捨てるぞという脅しに駆られて生きているようです。心理臨床の場ではそういう「よい子」によく出会います。

そういう人々は能力主義の世界ではけっこう評価が高いのです。にもかかわらず、彼らは心の奥では自分のことが嫌いであることがしばしばです。つねに、失敗を恐れ、見捨てられるのではないかという不安に苛《さいな》まれながら生きているからです。そういう人間としてのあり方が果たして幸せなのでしょうか？　その人々は、評価主義、業績主義のシステムのなかで評価される能力や特性に恵まれ、有能さを発揮して役に立つ機会に恵まれてはいます。しかし、「自分が自分であって大丈夫」という自己肯定感（基本的な安心）を欠いているのです。

人間の人材化

人間を人材として扱い、能力や業績によってその人間の存在価値を評価する社会では、業績をあげる人間が高く評価され、そうでない人間は「ダメ人間」としてその存在を否定されます。人材は道具であり、道具として役立ってこそ存在を肯定されるのです。役立つ能力、特性をもたない人材は存在そのものを否定されるのです。自己をそういう人材と同一視する人は、求められる能力・特性を欠く自分を「ダメなやつ」と、存在まるごとを否定することになります。部分的な能力・特性の可否によって、自己の存在価値を肯定したり、否定したりする心性はこうした社会状況・システムを反映しているのです。

しかし、そうした社会システムのなかでも、部分的な能力・特性の可否によって自己を肯定したり、否定したりすることから相対的に自由に生きることができる人も存在します。そのことを左右するのが、「自分が自分であって大丈夫」という自己肯定感であると私は考えています。この自己肯定感は、乳幼児期から「慈愛」と「赦《ゆる》し」の「よし、よし」をどれだけもらって成長してきたかによって大きく影響されます。評価の「よし」ではありません。「慈愛」と「赦し」の「よし」です。

赤ん坊がとても周囲に手を焼かせ、迷惑をかける存在であるにもかかわらず、存在まるごとを「慈愛」に包まれ、赦されているように、この「慈愛」と「赦し」をどれだけ心の中に蓄えたか

――そのことが「自分が自分であって大丈夫」という存在レベルで自己を肯定する自己肯定感を規定するのです。

存在レベルで自己が肯定されるというこの安心は、有能さを発揮して評価され自己を認める自己効力感や自己有用感から得られるものではありません。いまの社会が生み出す心の病理の少なくとも一つの重要な要素は、存在（being）レベルでの安心を欠いているから、その頼りなさ、空虚さを埋めるために、行い（doing）のレベルで目に見えるかたちで有能さを発揮し、業績をあげようと強迫的にがんばっていることにあります。

社会的なシステムや構造がさまざまな問題をもたらす原因であるにしても、それは無媒介に問題を引き起こすわけではありません。内的な条件に媒介され、屈折されて問題として現れるのです。ゆえに、不登校やひきこもり、「うつ」などの問題をもたらす内的な条件を明らかにすることは必要なことであり、問題の解決のために意義あることです。それを明らかにしてこそ、問題をかかえた人間は、自らその問題を解決する真の主体になりえるのです。

内的な条件には人によって違いがあり、格差があります。その違いや格差の重要な位置を占めているのが、「自分が自分であって大丈夫」という自己肯定感であると私は考えています。いかに外的に貧しくとも、自己肯定感に恵まれ、内面的に豊かであれば、幸福に生きていけます。自己肯定感の有無は外的な格差をストレートに反映しません。いのちの実物が生きるのは唯一「いま・ここ」です。その「いま・ここ」をあるがままにうけとめて、観念の世界にしかない「過去」や「未来」にわずらわされず、焦りや自己卑下や傲慢、強欲などに悩まされずに、平らかで和やかな心で生きられるのは、あるがままの自分と共に生きる自己肯定感に守られるからです。

人生を「競争レース」とみる人生観

人生を「競争レース」のようにみなし、不登校やひきこもりのわが子を「レース＝人生からの脱落者」のようにみなして、子どもを否定する。そういうふうに子どもと向き合っている限り、子どもは元気にならず、余計にしんどくなり、問題をこじらせていく悪循環に陥っていきます。そういうプロセスに介入して、悪循環を好循環に変えていく援助をするのです。

子どもを自分の作品のように感じており、「よい」作品をつくることが「よい」親だという心理がどれほど親に共有されているか、私にはわかりません。でも、いつの間にか、そういう感じ方をしている親はいます。売りもの、使いものになる能力・特性をもった子どもを「よい作品」とし、「よい作品」をつくる親が「よい親」であるという価値観を日本の親すべてが共有しているとは思いませんが、少なくとも一部で支配的になっています。

そういう価値観にとらわれて、子どもと向き合う親は、子どもが不登校やひきこもりになったりすると、子どもが「ダメな作品」になったような気がし、それを育てた自分自身もダメな親になったような気がして、負い目を感じるのです。その負い目から逃れるために、子どもをふつうのルートに戻そうと叱咤激励することもあります。親の期待に応えられない子どもは、深く傷つき、負い目を感じ、自分を責めることになり当然元気になれません。ますます親が焦って、子どもを責めるという悪循環に陥ることになります。

〝人間が暮らして生きていくためには、食べなければなりません、食べるためには生産しなければなりません、生産するためには働かなければなりません、働くためにはその能力が必要になります。本来はこういう順番です。目的は生きて暮らしていくことです。そのための能力は手段です。

しかし、「できる」人がより多くとる能力主義・業績原理のもとで、どれだけ生産できるか（能力）がその人の価値をきめるようになりました。その結果、能力という手段の方が大切になって、得られるものに格差ができることになります。何も得られない人も出てきて、自分の存在を否定してしまう人がでてくる。これはおかしいのです。手段と目的がひっくり返ってしまっています。まずは生きることが、まずはたんにみとめられればいい……〟。立岩真也氏はこう述べています（朝日新聞二〇〇九年三月二日付「ただ生きられる世界に」）。

それと同じようなことを（と、私は思っているのですが）、私の言葉で言っているのが、「自分が自分であって大丈夫」という存在レベルでの自己肯定感のことです。「慈愛」と「赦し」によって当たり前に生きることがたんに赦され、肯定される関係のなかで、それは育つのです。「おしっこしたか、よしよし」「ウンチしたか、よしよし」と生きて存在していることそのものが、「慈愛」や「赦し」によって肯定される関係のなかで「自分が自分であって大丈夫」と、自分の確かな存在価値を実感できる自己肯定感が根を生やし育つのです。

だが、多くの人が周囲に迷惑をかけず、人の役に立つ有能な人材であってはじめて、生きて存在することを認められるかのような脅迫（強迫観念）に取りつかれて生きています。人間を人材として有能か、無能かという点に特化して見るという人間観が、その背後にあることは間違いありません。人間のなかの「何ができるか」という能力だけを肥大化させてみる人間観が、役に立つ能力をもたない人間は存在する価値もないという、人間を人材と同一視する傾向を強め蔓延《まんえん》させているのです。二〇一六年七月、相模原市の障害者施設の事件を犯した被告は、障害者のような〝役立たず〟は存在しない方がよいという価値観をもっていたようですが、そのような価値観は、いまの日本の社会に根強くはびこっている価値観そのものではありませんか。

そのような価値観を分有している多くの人々が、自分のような〝役立たず〟は「消えた方がよい」と自分の存在価値を否定し、その自己否定感にとらわれて苦悩していることを心理臨床家の私はよく知っており、そういう人々がその心に巣食った自己否定感から自己を解放することができるように、手助けするべく悪戦苦闘しているのです。

（2）がんばり屋さんの諸相

子どもの「安心基地」を奪う教育政策

意図的に「がんばり屋さん」をつくろうとすれば、子どもの小さい頃から、安心できる「居場所」「ホーム」を奪い、期待に応える「よい子」でないと見捨てるぞという脅しをかけながら育てればよいのです。そうすれば、子どもたちの中には、安心できる「居場所」を求めて、必死に「よい子」になって認められようとがんばる子どもがたくさん出てくるでしょう。そういう「よい子」のなかから、国や企業の役に立つことで、「仮の居場所」を確保しようとして「がんばる」人材、ひいては、経済成長に貢献する「人材」を選別して育てることは、とても合理的で効率的なやり方ではないでしょうか？

子どもを「テスト漬け」にする今日の学校教育は、家庭をまるで学校の下請け機関のようにしてしまっています。学力テストの平均点をあげるために、親は子どもに対して宿題をきちんとやり、勉強をしっかりするようにと発破をかけ、監視することに追われます。その結果、家庭では親子関係の破壊が進んでいます。親子の関係が悪化し、家庭は心の安らぎを提供する「ホーム」からますます遠ざかっているのです。いまの学校教育を「競争環境」へと意図的に追い込む安倍政権の「教育再生実行会議」の提言にもとづく「政策」によって、日本の子どもたちのなかに、安心できる家庭＝ホーム（居場所）をどんどん奪われていっている子どもたちが増えているのです。

「自殺依存」の女性

かなり前に、元看護師さんで「境界性パーソナリティ障害」の診断をうけ、自分の闘病の経験を書かれた方の本に解説を書いたことがあります（悠風茜著『自殺依存』、関西看護出版、二〇〇七年）。

彼女は、仕事を一生懸命がんばらないとサボっているような気がして負い目を感じます。がんばることが当たり前で、がんばる以外の生き方を経験させてもらえなかった、と彼女は言います。「仕事をして、はじめて一人前」という価値観に縛られ、「うまくできない」「他人に迷惑をかける」「仕事をしない」という自分はそこにいる資格がない、あるいは生きていてはいけないかのように感じてきたのです。

早くあのバリバリがんばれる元の自分に戻りたいという一方で、親子関係のなかでは満たされなかった「子ども心」を抱いて、精神科を受診しました。病気になってやさしく癒《いや》されたかったといいます。「私は二四時間、三六五日間ずっと慰め続けてほしかった」「そうやってすがりついて、ドンドン友人をなくしてしまった」と話します。本来、乳幼児期に親に適度に満たしてもらいたい甘えや依存の感情を、おとなになってから、何度ももろにぶつけられたら、ふつうの人なら耐えられずに、離れていくでしょう。

彼女は「がんばりすぎるほど」にがんばり、しんどくなってしまう一方で、「甘え」や「逃げ」に衝動的に向かいたくなる自分を抑圧してきたといいます。「甘え」や「逃げ」を必死に忌避してきたのです。でも、堪《こら》え切れずに「甘え」が飛び出して、「死にたい」と言って、人の関心、注意を引くことをくり返してきたのです。そんな自分に彼女は罪悪感や負い目を心に抱えるのです。だから、彼女の「がんばりすぎ」の行動傾向と内面深く隠されていた「甘えや逃げ」への衝動は、同じ問題の裏表であったわけです。その背後には、そういうふうに条件づけた彼女の生い立ちの問題があったのです。

彼女は、役に立つから、相手の期待に応えるから愛してもらえるのではなく、自分のまるごとの存在そのものが愛されているという手応えのある安心がほしかったのです。それが彼女の生い立ちで決定的に欠けているから、その空虚感、寂しさを補うために他人の気を引こうとしていました。彼女のような人は、存在そのものを愛される安心がないゆえに、とても「負い目」を持ちやすく、自分の安心できる「居場所」を確保するには、いつも「がんばっていないといけない」ように思う人です。まさにそういう意味での安心できる「ホーム」をもたない、内面的な「ホームレス」ともいえる人たちが現代の日本の社会にはとても多いように感じます。彼女は入院してはじめて「何もしなくてもOKなのだ」という経験をして蘇《よみがえ》ったといいます。

現代の日本の社会では、社会の中心で「有能さ」を発揮し「勝ち組」と見られている人々のなかにも、そういう内面的な「ホームレス」は少なくないことでしょう。その人たちは自身が「何かを成し遂げ、役に立つ有能な人間であってはじめて生きる価値がある」という価値観に縛られ、それゆえに「甘えや逃げ」を抑圧しがんばりすぎるほどにがんばって、「有能さ」を発揮し、地位をあげ、役割を果たし続けてきた人々なのです。それゆえに、その人たちのなかには、「甘えたい」という衝動が成仏できないままに埋もれていることが少なくありません。

そのことを認めることは、「有能な強者」としての自己のアイデンティティを失うことになります。だから自分のなかにそういう衝動があることを必死に否認しようとします。そして、その認めがたい衝動を他者に投影し、「ホームレスの人々」や「働かない人々」(「ニート」やひきこもり、うつ病の人々)を「甘えた」人間、生きる価値のない人間として否定し、排除しようとするのです。

「自分が自分であって大丈夫」という自己肯定感は、自己の存在を許され、愛されているという内面的な感覚です。自分のなかに有能な部分を見いだすことによって自己肯定する感覚ではないのです。こういう、存在レベルの自己肯定感が内面に担保されていないと、人は「よい子でないと見捨てるぞ」という脅しに感染して、脅しに支配されやすい人になります。必死に力の強い人、権力者の「よい子」になってがんばることにもなるのです。

「うつ状態」の女性

「うつ状態」を改善するために、私のカウンセリングを受けた方のなかには、父親の膝の上が自分の「居場所」だったのにその父親を亡くして「安心基地」をなくし、「がんばり屋さん」になった女性もいます。彼女は「仕事をするのも、楽しいというよりもきちんとこなさないといけないという感じ」が強かったといいます。「ちゃんとしないといけない」といつも思っていたというのです。それが彼女の心のなかの口癖でした。とにかく「なにか役に立ってなくちゃあ」という思いが強かったのです。

彼女が言うには、「何をちゃんとしないといけないのか、自分でもわかっていないのに、ちゃんとしないといけない」という思いが強かったのです。具体的に〝これをきちんとしないといけない〟ということではないのです。「立ちどまるのが恐いみたいなところがあったから、何かに追われるように小走りに急ぐようなスタイルが安心できた感じがあった」と言います。

彼女とのやり取りの一部を再現してみましょう。〈 〉は私、「 」は彼女の言葉です。

〈小走りで急いでいると、とりあえず安心できる？〉

「立ちどまってしまったら、何をどうしていいのかわからなくなってしまうようなところがあったから」

〈そうやって小走りに急いでいるからとりあえず安心するという、その〝安心〟はホンマものの安心ではないのですね〉

「そうですね」

〈不安だから小走りで急ぐ。急ぐことで不安を打ち消して、ちょっと安心できる感じ?〉

「そうです、そうです」

〈不安そのものがなくなっているわけではない?〉

「そうですね。いったい何が不安なのだろうか? その不安の材料もわからずに、とにかく不安で……」

〈何が不安だったのだと思いますか?〉

「うーん。つねに昔から自分の〝居場所〟を確保しておくために、こうしておかないといけないとか、〝よい子〟でいないといけないとか、そういうのにとらわれていたから、〝居場所〟をつくるためには、とにかくあくせくしていないといけない。つねに居場所を探している状態でした……」

〈安心できる「居場所」のない不安なのですね〉


「イエローカード」が出ても気づかない女性

卒業生の相談に乗りました。卒業して何年目でしたか、その間に三度仕事を変えて、四つ目の会社に正規の職員として半年勤めましたが、上司との関係でしんどくなって、その会社を辞めたいといいます。

彼女は学生時代から完璧症のところがあって、なかなかの「がんばり屋さん」でした。何度かしんどくなって大学に出てこられなくなったこともあります。「現代社会と心の問題」をテーマにする私のゼミには、そういう学生が少なくありませんでした。そういうゼミでゼミ仲間が協力して、自己肯定感を育て社会に出て行こうというゼミでした。

今度は、「イエローカード」が出たところで、会社を辞める前に友人や私に相談しようと思って出てきたのだと言います。彼女は「動けなくなってからではなく、こうして先生にも相談に来られたことは、少しは進歩したのかな」と笑いながら言います。以前は「イエローカード」が出ていても気づかずに、いきなり「レッドカード」が出てダウンしていた。なぜ「イエローカード」に気づかないのか、どうしたら「イエローカード」が出た段階で気づけるのか？　そういうことを私に聞きたくて来たのだといいます。

彼女の話を聴いていると、しんどくなっても休まないでがんばることを続けてしまうようです。そのことがわかり、私は彼女に話しました。〈しんどくなってペースがダウンしたら、それがイエローカードだよ。あなたはそれを〝怠け〟や〝甘え〟だと思ってしまう。だから気づかないのだよ。あなたには、がんばりすぎが〝ふつう〟で〝当たり前〟になっている。だから、ペースダウンすると、これは〝甘え〟だ、これは〝怠け〟だと取り違えてしまう。だからペースダウンすることは、これで〝普通〟に戻るのだと思えばよろしい〉

彼女は会社を辞めて休もうかなと思っているのだけれど、どうしても「怠けるな！　甘えるな！　逃げるな！」という声がするのだといいます。それは見えない世間の声であり、自分の声でもあるといいます。それが彼女を追いつめるのです。

〈そいつは聞き流せ。〝また言っているわ〟と思って聞き流せ。相手にしなければ、張り合いが無くなって、その声も小さくなるだろう〉と私は言いました。彼女は、さすがに先生の言うことはよくわかる。それを書いて貼っておこうかなと笑っていました。

彼女のように、今の子どもや若者たちのなかには、自分の心に棲みついた「がんばり強迫」から自分を取り戻すことがとても難しい課題になる人が少なくありません。おかげでカウンセラーの私は、彼らの心を緩めるために〝がんばらないといけない〟ことになります。

うつ気味になった女性教師

ある女性教師の話です。二学期になって、今の仕事とクラスに慣れてきた。眠れないということはなくなってきたけれど、後遺症は残っていて、自信が回復しないといいます。授業で何をどのように教えるかについても迷いが多く、決断がつかない。生徒の前に立っても自信がなく、学校にいくのに気が重い。二〇年以上この仕事をやっていて、みんなをリードしていかないといけない立場にあるのにと思って、焦りが強い……と自分の迷い、決断のつかなさ、自信のなさ、気の重さ、焦り……など、彼女の内面のつらさがわかります。

休むとますます自信をなくすと思うので、なんとか毎日の仕事は続けている。ほかにも責任のある仕事を続けてきたが、今の状態では余力がなく、誰かに代わってもらったり、断ったりせざるをえない。しかし、あまり気持ちがくじけてしまってはいけないので、できるだけ声を大きくしたり、元気のある動作をしたりして自分を励ましている……と自信をなくさないように、くじけないように、いろいろと考え、工夫をしておられる様子がわかります。

家に仕事を持って帰ったりすることもあるが、あれに手をつけたり、これに手をつけたりと焦ってばかりで、落ち着かず、どれも満足にできない。どれも完全にできず、足りないところ、欠点ばかりが目につき、不全感が強い。必要以上に足りない面を気にしているのがわかるので、あまり完全にこだわらないようにして、できるだけやってゆこうと努力している……といろいろできていない面が目につき、不全感をもち、それが自分の完全癖からきている面があることを意識し、できるだけ完全にこだわらないようにやっていこうと努力しているのがわかります。

〈ほかの先生に相談したり、話されたりすることは?〉とお聞きしました。

「そういうことはできる。実際、時々迷っていることを話して、相談をかけることもある。でも〝先生でも迷うことがあるのか〟と言われると、情けなく恥ずかしくなる。あまりベテランが自信のないことをいうと、若い人たちにとってはよくないと思ったりもする」とおっしゃいます。

「私の周りにも四〇代、五〇代の母親で、問題をかかえた子どもをもった方が多い。若い時は元気だし、走り回ってがんばってきた。そのつけが今になって出てきている。私も元気に任せて、子どもをかかえ、なだめ、なだめしながら走り回ってがんばってきた。そうしないといけない仕事をいっぱい抱えていた。むずかると、モノや食べ物を与えてごまかして走り回った。そのつけが出てきているのだと思う。元気だけど未熟だったんです」「バリバリといろんな仕事をこなしている時には、消極的になったり、へこたれたりしていく人たちをみて、その気持ちがわからなかったけれど、いざ自分が同じ立場にたつと、その気持ちがよくわかる気がする。表面だけ見ていてはわからないことがわかるようになった」と反省的におっしゃったことが印象に残っています。

失速した青年

大学で失速状態になり、無気力な脱力状態に陥ったある青年の話です。彼は、〈こうなったきっかけ、原因に思い当たるところがありますか?〉という私の問いに、「はい、だいたいあれかなというものはあります」と答え、「中、高とまじめにがんばってきて、大学では少しゆっくりとできるかなと思っていたが、大学でも息がぬけなくて、しんどくなったのではないかな」と言います。

課題を出されるとしゃかりきにがんばってしまう、小さい時から、理科の教材とか、図工、折り紙、紙細工などとても好きで、気がつくと夢中になってやっていたと言います。

〈得意なことと、好きなこととは違うと思うけど、今の学科に入ったのは好きだったからですか? それとも得意だったからですか?〉

「英語は苦手だったけれど、塾で訓練して得意になった。でも小さい時からモノを作るのは好きだった。がんばってしんどくなったのだから、休息すればよくなるとは思うけれど、でもまた復帰して同じことをくり返すのではないかと不安」とも言います。

私が、彼の選んだ学科について〝「好きだから」選んだのか？　それとも「得意だから」選んだのか？〟と尋ねたのは、大学の受験に際し、好きで選ぶよりも、数学が得意だから理科系を選び、英語が得意だから文学部を選ぶというように、自分の得意なものによって学部や学科を選ぶ人が多いように思い、そのことに疑問を持っているからです。つまり、「このことを勉強したい、このことを明らかにしたい」という興味や問題意識によってではなく、「いい成績を取れる科目」によって偏差値をあげ、自分の進路を決めるというパターンにたいして、「それでいいのかな？」という疑問を持っているからです。

彼は「突っ走っている自分」と「ブレーキをかける自分」と二人の自分がいるような感じがすると言い、「突っ走っている自分はどこか自然ではなく、つくったような感じがある。がんばって業績をあげる。それをみて〝すごい！〟〝格好いい！〟とみて、それをエネルギーにまたがんばる。自分で自分を焚《た》きつけてきたような……」

彼の突っ走っている自分は、がんばって業績を上げて、その自分を自分で誉めあげ、焚きつけてさらにがんばらせるような自分です。そういう自分をつくり上げてきたのは、それを手伝った者がいるのです。彼は小五の頃から、塾へ通い始めました。成績が上がり、中学校でも上位、高校はすごい進学校だったといいます。その高校は「走るやつは手伝うが、そうでないやつは勝手にしろ」という雰囲気の学校だったそうです。そういうなかで、彼は親の期待、教師の期待をどこかで感じながら走ってきたのです。

周りを見ないで、そこばかり見て一生懸命にがんばって走る。他にも選択肢があったのかもしれないのに、後で不適切な選択だったのかもしれないと気づくタイプだと、彼は自分のことを語ります。「いま、切り捨ててきた中・高校時代にできなかった経験を後悔している。いろんな場面がビデオみたいに鮮明に蘇ってきて、あのときこうしておけばよかったと後悔する。一方、取り返しのつかないことを考えてもしょうがない、これからのことを考えろ、という気持ちもある。それが結構しんどい……」と言います。

「第三者に対するときは、自動的に自分を演じている。それが嫌だ。高校の時もそれをやってきたけれど、大学に入ってから、それにハッキリと気づいた。自動的にギアチェンジして、〝演じるモード〟に入っている。気づいたら演じている。相手から自分を出してきてくれると、こちらも自分を出せるけれど、そうでない相手だとやはり気を遣って、距離を取っている。他人とのつき合い方は自分を出していない。相手に合わせて、自分のなかで問題を処理するパターン」と言います。

最近はこういうパターンの若者が多いように感じます。人間関係で波風立てないようにします。対人関係で葛藤《かっとう》が生じるのが面倒くさいのか、自分のなかで折り合いをつけようとするのです。

親のためにがんばる中学生男子

ある中学生の男の子の話です。彼は、学校に来て授業を受けていると、無性に帰りたくなる。家に帰りたいわけではありません。家にいても落ち着かないし、消えたいと思います。とにかく学校から出たいのです。

〈自分ではそういう自分のことをどう思っているの？〉と私がきくと、「ダメだなあ、もっとちゃんとやらないといけないと思います」と答えます。

〈家にいても落ち着かない、学校からも出たくなるのは、あなたの心が何かを訴えている。そのメッセージをちゃんと聞いてあげて、自分の心と相談しながら生きていった方がいいよ。心が何を訴えているのか聴くことを手伝うのがカウンセラーだよ〉と私は彼に話しました。

彼は「平和な家族がうらやましいなあ……」と呟《つぶや》きました。その言葉に心が痛みました。父親と母親の仲が悪くて、彼は母親から「あんたがいなかったら、とっくに別れている」と言われたこともありました。彼が小学校の頃から、母親も自分の不満を吐き出すところがないから、彼に吐き出していたといいます。

彼は小学生の頃、中学受験を目指していました。そのためにも塾にも行き、がんばっていたのです。目的の中学に入り、目的を見失い、中学二年生ぐらいからしんどくなってきたのです。彼ががんばって目的の中学に入っても、親から認めてもらえない状態でした。だから、彼にとっては、何のためにがんばっているのかわからなくなったのです。

親や先生からは「自分のためにがんばるのやろ」と言われます。でも彼の内心ではやはり母親のためにがんばってきたし、がんばっているのです。がんばっても、「よくがんばっている」と認めてもらえなかったら、何のためにがんばっているのかわかりません。でも、彼は「がんばるのが癖になっている。自分のやっていることを上から見ている自分がいる。持久走でも〝もう嫌だ〟と思っても、上から見ている自分がいて、がんばってしまう」と言います。

彼は、小学生の頃から母親の愚痴の聞き役でした。母親を支えようとして一生懸命がんばってきたのです。母親の期待する中学受験をめざして塾にも行き、勉強にがんばってきたのも、母親の期待に応えて母親を喜ばせてあげようとしてきたのです。でも、母親は彼のがんばりを認めてくれませんでした。それを当たり前のように見ていたのです。母親にも彼を認めてやる余裕がなかったのでしょう。自分のことで精いっぱいだったのでしょう。そういう母親を支えるのが自分の役割だと、彼は自分でも気づかない心のなかで決めていたのです。

彼は、自分の存在そのものを認め、愛してくれる心優しい「ホーム」「居場所」を持っていない子どもだったのです。母親は自分の自尊心を支えるためにも、長男である彼がよい中学に進学する優秀な子どもである必要があったのです。それほどに、母親は父親との関係で自尊心が傷ついていたのでしょう。その母親の自尊心の傷つきを癒すために、彼はがんばってきたのです。母親自身が自身のつらさに耐えてがんばってきたのです。そのがんばりを支えるのが彼のがんばりでした。

彼を上から見てがんばらせる「自分」は、母親を支えるためにがんばる役を引き受けた彼自身でした。でも、その役割に彼は耐えられなくなったのです。

〈〝ああ、もう嫌だ〟と言う気持ちがあるのだね。あまりにも、自分の本心を脇においてがんばるから、あなたの本心が〝もう嫌だ！〟と言っているのかな?〉

「でも、こういうことをお母さんに言っても、絶対にわかってくれないし、何を言ってもはね返される」と彼は言います。

〈あなたのがんばっている元気な姿しか、お母さんには見えてないのかな。お母さんのイメージのなかには、お母さんの期待に応えて元気でがんばっている優秀なあなたしかいないのかな?〉

「おかあさんは〝○○くんはよくがんばっている〟というふうに言ってくる」と彼は嘆きます。

自分を「ダメだ」と責める男性教師

ある男性教師の訴えは、自分はダメだという思いにさいなまれるというものでした。最近自信をなくし、生徒の前に立ってもいつも生徒が自分の〝あらさがし〟をしているようにみえて、「自己防衛的」になるというのです。そして、自分が人に認められたいという願望が強く、〝こうあるべき〟という理想像が高く、その反面、自分のダメなところをすごく気にするということを話してくれました。

カウンセリングでそのテーマで私とやり取りするなかで、この方は、「やはり、自分を受けいれていないことが問題だ。〝自分をダメだ〟と思う強迫観念を持っていて、それが問題だと思っている。自分のことを〝ダメだ、ダメだ〟と思わないようにしないといけませんね、もっと他のことに気を向けないといけませんね」と言います。

その話を聴いていると、どうもこの方は、自分がダメなのは、きちんと自分の思うような仕事ができていないからであり、自分の思うような教師像に近づけていないからだと思っておられるようでした。でも、人間は少々ダメなところや足りないところがあって、自分自身でそのことに気づいていても、「自分はダメだ」という観念にとらわれて、それによって縛られ、駆りたてられるということはないものです。

「自分のこういう点はダメだから、これは少しなんとかしよう」とぐらいには思うかもしれませんが、だからといって「自分はダメな人間で、他人から受けいれられない」という思いにとらわれて、他人に心を開かず、いつも戦々恐々としているというようなことはないものです。この人の問題はもっと他のところにあるのではないかと感じました。だから、私はこのようなことを語り、先ほどのこの方の発言にたいして次のように応答しました。

〈たしかに〝自分がダメだ〟と思う強迫観念が問題かもしれませんね。でも、自分のことをダメだと思わないようにしようと思っても、やはりそう思ってしまうのではないですか。自分をダメだと思わないように、他のことに気を向けるということでは、解決しないのではないですか。

なぜ、自分はダメだという観念から逃れられないのか、それを考えないといけないのではないですか。自分はダメだという観念は、いわば〝症状〟であって、風邪をひけば熱がでるということからいえば、〝熱〟にあたるもので、風邪という根本の病気を治さないと発熱が収まらないように、自分のことをダメだという強迫観念の大もとの原因を考えないといけないのではないですか〉

この方は、先生らしく、私の話のなかで示された関係をすぐにノートに図示されました。

「自分はダメだ」という強迫的な観念＝「症状」↕自分を受けいれられない。少々弱点・欠点があっても他人はそれなりに、自分の存在を認めて、受けいれてくれるものだという安心・他者への信頼をもてる「関係性」が欠如している＝「根本の病気」。

そして、合点がいったような口ぶりで次のようにおっしゃいました。「これまでは、〝自分はダメだ〟と思うから、自分を受けいれられず、そんな自分は他人にも受けいれられないのではないかと思い、他人を警戒するのだと思っていました。前から後へと思っていました。でも実際はそうではなく、後から前なのですね。そういうふうに考えたことはありませんでした。〝自分はダメだ〟という思いを抑えつけ、打ち消すために、一生懸命仕事でがんばり、理想的な自分像に近づけようとがんばってきました。でも、すぐに、やはり〝自分はダメではないか〟という思いがぶり返す。その〝いたちごっこ〟で消耗し、疲れ果てていました。〝熱〟を抑えるためにがんばっても、根本の心の風邪が解決していないから、また〝熱〟がでる。そのことで疲れ果てるということでしょう。それはそうなりますね」。

〈だから、あなたの場合、自分に少々欠点やダメなところがあっても、〝そんな自分を他人が受けいれてくれるのだ。そんな自分でも他人に認められるのだ〟ということを体験できる人間関係を経験し増やしていく。〝ダメな自分〟でも、〝それを含めて自分を受けいれる〟ことができる安心、自信、他者への信頼をつくりあげていく。それが〝風邪〟を治すという課題なのではないですか?〉

この先生は、なるほどそういうことかという表情で、「なんだか、気持ちがスッキリしました」とおっしゃいました。

「がんばり屋」の私の生い立ち

私の母は若くして肺病（結核）に罹患《りかん》しました。その母の長男として生まれた私は幼い時に母から離され、主に伯母に世話されていたようです。そのことをハッキリと意識したのは、私が四〇代半ばの頃だったと思います。六六歳で母がすい臓がんで亡くなる頃だったのではないでしょうか。私は母に甘え、母に抱かれたという記憶が全くないのです。

ただ、昔のセピア色に変色した写真に、目をつぶって母の手を握って歩く自分の幼い姿を見ることができるだけです。そして、なぜ目をつぶっているのかを思い出す時、「母の手をしっかり握っていれば、目をつぶっていても安心なのだ」と、その安心とともに母の存在を確かめている自分をかすかに思い出せるような気がするのです。

母のがんが発見された後に、母を連れて高知の親戚の家を訪ねたときに、年長の従兄弟《いとこ》に尋ねてみました。「ボクが小さい頃に、ボクは母から離されていた?」と。すると従兄弟はことも無げにこう言いました。「うん。そうだよ。ボクもおばちゃんのそばに行ったら、〝おばちゃんに近づかないほうがいい〟とおばちゃんに言われたよ」。私は、「やっぱり、そうだったのか」と合点が行きました。

幼い頃に私がそのことをどのように受けとめ、どのように感じていたのかは、なぜかほとんど記憶にありません、まさに空白だといっても過言ではありません。でも推測するにおそらく、「あんたのお母ちゃんは病気だから、あんたの世話ができないの、可哀想だけどあんたは〝よい子〟にして、しばらくお母さんに心配かけないようにしようね。あなたが〝よい子〟にしていたら、お母さんも早く病気が治って、あなたもお母さんのそばで一緒に暮らせるようになるからね」と、身近なおとなたちに言い含められていたのではないかと思うのです。

母がすい臓がんになったとき、父が母と結婚した経緯を初めて話してくれました。父が母と結婚しようとしたときに、母の家系は「肺病やみの家系」だからやめた方がいいと反対されたそうです。でも、父はその反対を押し切って母と結婚したのです。そのわけは、父によれば、父は自分の肺に絶対の自信を持っていたからだといいます。

私の祖母（父の母親）は、若い頃にどこやらのお屋敷に御奉公にあがっていたそうです。そのお屋敷の奥方は、喉頭結核に罹患しており、奥方のお話を聞くには、奥方に近づき口元に耳を近づけて聴かなければならなかったそうです。だが祖母（父の母親）は結核には罹《かか》らなかったのです。「その母親から生まれた自分は、医者から〝この子の肺は立派な肺をしているから、結核には罹らない〟と太鼓判（？）を押された」といいます。

どこまで信憑性《しんぴょうせい》のある話かわかりませんが、ともあれ、父はそのために「自分の肺は立派な肺だから、結核には罹らん」と自信を持っていたのです。確かに、父は痩《や》せていましたが、水泳で鍛えた立派な胸をしていました。だから、反対を押し切って母と結婚したのです。

そうすると、父が自分の肺に絶対の自信を持っていなければ、私はこの世に誕生する因縁がなかったことになります。父が自分の肺に絶対の自信をもち、「肺病やみの家系」の女性と結婚したことで、私はその長男として誕生することができました。そして、またその因縁で私は、結核に罹患した母から幼い時にしばらくの間、離されて育ったのです。誰から聴いたのか覚えていませんが、幼い時の私は、排便のしまりのいい、とてもきちんとした、がんばり屋さんの「よい子」だったといいます。

そういう生い立ちも手伝ってか、物心つく頃から私は、何か大きな存在から追放されているような「疎外感」の強い人間だったように思います。それは小さい頃からよく中耳炎をやり耳の聞こえが悪かったことや、家庭の事情で引っ越しを繰り返し、おかげで転々と四つの小学校に行ったことなども手伝っているのだろうと思っています。積極的に友だちのなかに入っていくタイプの子どもではありませんでした。これも誰かから聞かされたことですが、女の子が近づいてくるだけで泣きだすような弱虫な子どもだったのです。そしてたしかに私自身もある時期まで、親や先生の期待に応えてがんばる、とても「よい子」でした。

(3) がんばり屋さんの肉体性

自律神経の働きのバランスの問題

「がんばり屋」の多い現代の日本人は、「交感神経優位」の人が圧倒的に多数であるようです。交感神経優位になると、血液の流れが悪くなり、免疫力も低下し、さまざまな病気にかかりやすい状態になるといいます。人間が元気になることを援助するためには、人間が天から与えられている「いのちの働き」であるところの自然治癒《ちゆ》力、免疫力、自己回復力を活性化させるような援助をしなければなりません。つねに緊張してがんばる傾向のある現代人においては、この「いのちの働き」を活性化させることと、副交感神経の働きを活性化させ、自律神経の働きのバランスをとることが重要になるのです。自律神経のバランスにとって、ストレス過剰は最大の敵になります。そして、がんばりすぎはストレスと一体です。

朝起きてから夜寝るまでがんばり、ストレスに曝《さら》され通しです。つまり、現代社会は交感神経ばかりを刺激し、副交感神経の働きを下げる要因に満ちみちています。放っておいても交感神経優位になる社会の中で生きている私たちが、まず健康であるためには、副交感神経の働きを強めて自律神経の働きをバランスのとれたものにする必要があることは誰にもすぐにわかることです。

なかでも、注目すべきは「呼吸」です。「がんばり屋」さんは、前傾姿勢で先を急ぐように生きていますので、どうしても「呼吸」が浅く、早くなりがちです。浅く、早い呼吸は交感神経の働きを高め、瞬間的にはやる気やアグレッシブな気分を高めます。だからがんばり屋さんの「がんばり」には好都合なのです。でも、それが長く続くと血管が収縮し、血流が悪くなり、かえって結果的には心身ともによい成果が出なくなります。

私は「がん」を発病してから、座禅を組んだり、祈ったりすることで、深くゆっくりとした呼吸をするように努めています。それは副交感神経の働きを高め、血管が緩み、血液が体のすみずみに流れるようにして、自然治癒力や免疫力を少しでも高めたいという思いも手伝っています。そうすると、気分も落ち着きスッキリとした心で生きることができるように感じます。がんばり屋の人生を生きてきた私には、自分の肉体を労《いた》わるためにも、また心理臨床家としての精神のメンテナンスのためにも、「ゆっくりとした深い呼吸」は欠かせません。

「ゆっくりとていねいに」

でも、意識してゆっくりと深い呼吸を「しなければならない」と思うと、それ自体がストレスになりかねません。そこが厄介なところです。自然体で「ゆっくりと深い呼吸」ができるように工夫する必要があります。いつの間にか呼吸がゆっくり深くなっているような工夫が必要なのです。そこで、私は行動をできるだけ「ゆっくりとていねいに」するように心がけることにしました。

トイレや階段、部屋のいろんなところに、「ゆっくりと、ていねいに」という貼り紙をしたのですが、初めはなかなか貼り紙どおりにはできませんでした。貼り紙の文字が何やら虚しく感じられました。それで、歩くときに、できるだけゆっくりと歩くように工夫しました。私は始終パソコンに向かって原稿を書いたりしているので、ついついうつむいて背中を丸めた姿勢をとることになります。すると気道がせまくなり、呼吸が浅くなります。ところが、上を向くと気道がストレートになり、呼吸がゆっくりと深くなります。すると、副交感神経の働きが活性化し、自律神経のバランスも安定し、心身共にスッキリと落ち着いた方向に向かっていくという理屈です。

幸い、我が家の近所には里山があり、パソコンに向かっての仕事に根を詰めたあとには、よく散歩にでかけます。そしてゆっくりと歩きます。自然に呼吸もゆっくり、深い呼吸になります。おまけに、私は昔から空や木を見上げるのがとても好きです。木立のありさまや、雲のありさまに魅かれてしょっちゅう空を見上げてきました。そういう私の好みがいま、私を支えてくれています。それはとても、呼吸にもよいようです。

腸は副交感神経と直接つながっているゆえに、ストレスなどで副交感神経の働きが悪くなると、途端に動きが悪くなり、便秘や下痢を起こすことになります。がんばってバタバタ動いて根を詰めているときは、呼吸が止まっています。そうすると、副交感神経の働きがガクンと下がり、体の隅々まで血流が行かなくなります。私も気をつけないといけません。あとに紹介しますように

「がん」の放射線治療をするときに、とくにそのことに気づかされました。

パソコンに向かって文章をつくったりしていることが多いので、そのときには呼吸が止まっているのです。血流が悪くなって、筋肉が固くなり、すぐに肩がこったりします。私は今でもせかせかと追われるように生活しています。きっと気づかないうちに、一つひとつの動作が速く、粗雑に、乱暴になっているでしょう。だから、忘れ物も多くなる。また、食べこぼしや失敗も多くなるのです。そういう時こそ、ゆっくり動くことを思いだし、そのことを意識して丁寧に一つひとつのことを行うようにすることが大切だと、これを書きながらもあらためて思うのです。

水をこまめに飲むことも、副交感神経の働きをあげるために非常に有効だとのことなので、私はいつも、妻がペットボトルに入れてくれるお茶を持って外出します。でも、それを飲まずに家にもって帰ることが多いのです。これからは、せいぜいよく飲み、家に帰るときにはそれがなくなっていて、空のボトルになっているように心がけたいと思っています。

日本の伝統文化に目をむけるならば、茶道や華道、能や狂言などすべてが「ゆっくり」の動きからなっています。昔からの行儀作法も、ゆっくりと心を落ち着ける効果があることがわかります。「お先にどうぞ」の奥ゆかしさも、ゆっくり動くためにはとてもいい心がけだと思います。この忙しい、ギスギスしたご時世に、その「奥ゆかしさ」もどこかにいってしまっているようにみえます。とくにクルマなど運転していると、つい、がんばり屋でせっかちの本性が出てしまい、先を争って、前に出ようとしてしまいます。「急《せ》いては事をし損じる」、急いでいるときほど、一瞬でもよいから「ゆっくり」を意識して動き始めることが大切だと思います。

それから、これは私がよく講演などで、お話をする機会が多いので、自然にできるようになっていることですが、ゆっくりと話すことです。ゆっくり、腹から声を出すと自然に呼吸がゆっくりと深くなります。それは副交感神経の働きを高め、自律神経のバランスを整えることになるようです。最近の私の講演は、一人ひとりの聴衆のお顔をよくみながら、歩き回りながら話すライブ講演です。いまふと思ったのですが、まるで里山の散歩のように、あたりの木や虫や小鳥やクモの巣や、風や陽光や匂いを感じながら、里山の自然に包まれて、対話しながら歩いている。そんな講演になっているかなと思います。今の世の中のありさまに怒りが高じて、声が大きくなることがあることが交感神経を刺激し玉に瑕《きず》なのですが……。

肉体性を無視している社会

がんばり屋さんの特徴の一つは、自らの肉体の声に耳を傾けることができないことです。がんばり屋さんは、しばしば、肉体からのメッセージを無視します。そしてがんばるのです。これは現代社会の特徴の一つでもあるのではないでしょうか。

そもそも、人間は、自然や肉体のもつ限界を超えよう、超えようとして社会と文明を発展させてきたところがあります。だから、人間の本性のなかに、自然や肉体のもつ限界を無視しようとする傾向が埋め込まれているようです。肉体のもつさまざまな制約を無視して、そういう制約のないかのごとくに極限まで人間をこき使い、駆り立て、絞り上げる「資本の論理」に支配されてきた政治や社会の影響も無視できません。

いじめで一番つらいのは、「シカト」（無視）でしょう。そこに存在していても、存在しないかのように扱われる。自分の存在そのものを否認されることぐらいつらいことはありません。もし赤ん坊がワーワー泣いて訴えても、母親がそれを無視し、そこに「いて」必死に泣いて訴えているのに「いない」かのように扱われつづけたらどうなるでしょうか？　その赤ん坊は肉体的にも、精神的にもまともに育つことはできません。スマホに夢中になる傾向のある親御さんは気をつけていただきたいと思います。

そういえば、「原発NO！」の訴えの「声」を、なにやらウルサイ騒音（ノイズ）がすると言って無視・否認した政治家、「秘密保護法」反対の「訴え」を「絶叫戦術は本質においてテロとおなじ」と言い、無視しようとした政治家もいました。社会のなかで、自分がそこにいて叫んでも、苦痛に顔をしかめていても無視されて、いないかのように扱われれば、その人はどうなるでしょうか？　無理やりにでも社会にこちらを向かせようとして、社会を攻撃するかもしれません。人間は肉体をもって生きています。肉体は見えますし、音も出しますし、臭いも漂わせます。そのことを通して、「オレはここにいる」とアピールしているのです。肉体を持たずにはこの世で生きることはできませんが、それはお互いの存在を認知せざるを得ないということです。そして、抱きついたり、避けたり、攻撃したりします。そういう交渉を互いに持つことができるのも、肉体を持って存在しているからです。

たとえば、肉体をもって存在していても見えない「透明人間」ならば、自分がそこにいることに気づいてもらえません。昔、「ボクは透明人間」と言った思春期の子どもがいましたが、彼は無視されていたのでしょう。無視され、存在を否認されるのは自分の存在に限りません。子どもは「やさしく抱いてほしい」「頭を撫《な》でてほしい」「お腹が痛い時は、さすってほしい」、時には「叱《しか》ってほしい」と、いろいろ「〜してほしい」という欲求を持って生きています。それを無視され、否認されることほど恐ろしいことはありません。悲しければ、逃げるか、攻撃するかです。ひきこもる人もいますし、攻撃に牙をむく人もいます。

私は、里山を散歩し風に吹かれながら、流れる雲を眺めながら、時間の流れを感じ、時間の流れに身をゆだねる——そういう年齢と境遇にいます。だが、そんな感覚を忘れ、時間に追い立てられ、時間が流れ去るのをせき止め、「何かに間に合わせよう」と息を詰め、心を焦がして急いでいる年齢と境遇にある人たちが圧倒的に多いようです。

友だちから、仕事仲間から、会社からメールがきた、すぐに返信しなければ、見えない相手の機嫌を損ね、今後相手にされなくなるかもしれない。焦ります。心が焦げます。「早くしないと」とメールを打ち返します。そのとき、目の前にいる肉体をもった誰かは無視されます。自分がそこにいないかのように扱われます。人々は何かに追われるように生きています。何に追われているのか、そのことを立ちどまってじっくりと考える暇もありません。

具合・加減・呼吸と子どもの成長・発達

科学・技術依存の経済成長のみを偏って追求する政治や社会の在り方は、子どもの成長・発達にも大きな影響を与えています。これまでにも何度か触れてきましたが、子どもたちの生育の過程で、具合や加減、呼吸を体得する経験の大切さの問題です。子どもの生育の過程で、自然や人やものとの対話、自然や人やものの性質がわかる体をつくっていく経験が失われてきているという問題です。それは、言い方を変えるならば、具合、加減、呼吸を体得した体をつくっていくという経験です。

子どもたちが自己中心性から抜け出し、他者や自分をとりまく世界をしっかりと意識し、そのなかにある自分の位置を自覚できるようになるためには、外界の事物や他者の抵抗にぶつかり、折り合いをつける経験をもたなければなりません。他者や外界の抵抗にぶつかることで、自と他の区別を覚えます。だが、お膳立てされた生活の〝お客様〟のような生活に慣れ、ベルトコンベアに乗って流されるような生き方をして、遊びもゲーム機かスマホで遊ぶような生活では、実物の外界や他者とぶつかりその抵抗を受けるという経験も乏しくなります。

たとえば、自分でおもちゃを作ろうとして、金槌《かなづち》を使って釘を打ちつけようとするとき、自分勝手な打ち方では、釘はヘソをまげて、うまく刺さってくれません。そこで、どうしても金槌を釘に振り下ろす力の具合や位置の加減を計らなければなりません。また、トンボや蝶を捕ろうとして網を振ること一つとっても、網の構え方、振り方、網をかぶせるタイミングなど、よい具合と加減と呼吸を身につけなければなりません。それは、電子機器でなじんでいるデジタルな世界ではなく、アナログの世界の経験です。こうして、子どもは、相手を知り、自分を知っていくのです。子どもはこうしたものの抵抗を経験することをとおして、相手の性質を知り、自分の目的をとげるためには、相手の性質に合わせて自分勝手なやり方をコントロールしないといけないことを体でおぼえていくのです。

たとえば、よくあるキャッチボール一つとりあげても、子ども同士の相互性、相互的な役割交換を生み出します。他者の立場、他者の役割への理解をくぐり抜けて、自分の行動をコントロールする練習ができるのです。私の子どもの頃、相撲や馬跳びを校庭や運動場や公園、原っぱでよくやって遊んでいました。大きい子、小さい子が一緒に交わりながら、やっていました。大きい子は自分が馬のとき、小さい子がくると低くしてやっていました。

馬になる子も、相手が跳べるように馬になっていたのです。跳ぶ子の力の具合を計り、馬になった自分の高さの加減を調節しながら、お互いの気持ちが合うかどうかでうまく跳べるかどうかが決まっていました。そこには子ども同士の心の通いあいがありました。相手が跳べなければ低くしてやり、自分が跳べないと思ったら、「もっと低くして」と言えます。跳べるか跳べないかは、跳ぶ子のうまさ（跳力）の問題ではなく、馬の子と跳ぶ子の二人の関係の問題としてとらえられていたのです。自己責任の今の世の中では、すべてが一人ひとりの個々の人間の能力や甲斐性の問題としてみる癖がつき、人と人との関係の問題としてみることが不可能になっているように思います。だから、どうしても一人ひとりが自己責任でがんばらないといけないという風潮が強くなっているのではないでしょうか。

私の放射線治療の体験から

私は二〇〇一年の二月二八日に前立腺がんの手術を受けました。その年三月を迎え、生命が萌えだす季節の移り変わりとともに、術後の肉体が回復していったときのことを今でも思い出します。桜の花のつぼみが膨らみほころぶ頃に、退院し、自宅療養に入りました。そして日に日に桜の花が開き、勢いをましていくのと軌を一にするように、私の体力は回復していきました。そして、退院して間もなくの四月早々に、私は大学の新年度に間に合うように復帰しました。

復帰後も三か月ぐらいは尿失禁が続きました。うっかりするとトイレに間に合いません。ちょっとお腹に力が入ったり、笑ったり、くしゃみをしたりすると、フッと漏れます。だから、私はそのころおしめパンツをはいていました。安心して漏らすことができました。それが結構気持ちがいい。学生たちは気づいていないでしょうが、講義中に漏らすこともありました。その四月から新しく立ち上げた大学院で、対人援助の専門職を育てることになっていましたが、苦しみ、援助を求める人が苦しみや弱みを「安心して漏らす」ことのできる「おしめパンツ」のような専門職を育てたいと思ったことでした。

それから九年後の二〇一〇年に、今度は放射線治療を受けました。土日祝日を除く毎日、合計三二回の治療を受けました。私のがん細胞はちょっぴりヤンチャな面魂《つらだましい》をしているらしく、手術では全部取ることはできなかったようです。術後何年かしてから水面下でPSAの値が上がり始め、またホルモン療法を再開しました。それを長い間続けてきていたのですが、いつまでもホルモン療法ではなだめられない可能性があるので、主治医から、年齢を考えてもまだ先があるので、放射線で始末した方がいいのではないかとすすめられました。セカンドオピニオンを別の病院でいただいたうえ、放射線治療を受けることに決めました。

さて、その放射線治療で私はいろいろ得難い経験をさせてもらいました。放射線治療では、前立腺があった箇所にピンポイントで正確に放射線を照射しなければならず、その計画をたてるために、最初にCTとMRIをとり、照射の位置を確定しました。手術によって切除された前立腺があった位置は膀胱《ぼうこう》と直腸に隣接しており、照射位置がずれると膀胱や直腸に放射線があたってしまう危険性があります。そのために、膀胱の位置、直腸の状態がとても問題になるのです。

膀胱にある程度の尿がたまっていなければならず、また直腸には便やガスがたまっていてはいけないのです。直腸には便やガスがなく、膀胱にはある程度の尿がたまっている状態で、放射線を標的の位置に照射するという、なんとも微妙な治療でした。患者の私に要求されることは、毎日治療前に膀胱にある程度の尿がたまるように水を飲み、そして直腸に便やガスがたまらないように排便とガス抜きをしておくということです。これがまた思ったよりも難題でした。便もガスもおいそれとはこちらの言う通りになるような代物ではありません。

便の方はまだしも、ガスだから匂いはすれども姿はみえず、照射のときに隣接の腸から退散し姿を消してくれているとは限りません。そこにガスが陣取っていれば、その分、腸が膨らみ一〇分の一ミリ単位で位置がずれ、放射線照射はできずやり直しになります。「ガスを抜いてきてください」と言われます。

これが何回もありました。だから、治療台にあがるとき、今日はガスがありませんようにと祈るような思いであがるのです。でもガスがある時はやり直し。CTでガスがたまっているのが見えるのです。ガスだけではないのです。そのやり直しがまた難しい。トイレにいってガスを出すのですが、ガスだけじゃなく、せっかくためた尿まで一緒に出てしまうのです。そうすると、せっかくガスが抜けたのに、尿がまたたまるまで一時間弱待たなければなりません。一難去って、また一難。待っている間に黒い雲が立ち込めてくるように、悪い予感がするのです。今度はせっかく尿がたまったのに、待っている間にまたガスが降りてきて直腸の辺りに立ち込めてしまうということもありました。

私はそれまで結構忙しい生活をしていましたので、排便などに気をつかうことなどまずありませんでした。気をつかうこともないほどに順調だったかというとそうでもありませんでしたが、さして気にすることもなくすごしてきました。でも、この時にはしっかりと自分のお腹と向き合いました。お腹の調子を整えるのが大変でした。病院から出された、ガスを抑え排便をたすける薬を飲みながら、できるだけ規則正しく排便があるように生活と体調を整えるように精進しました。

本を読んで勉強し、腸の働きを活発にするという特製のティー（ジンジャーとシナモンとオリゴ糖にお湯を入れて混ぜたもの）をつくって毎日飲み、散歩をしてできるだけ体を動かし、いままであまり気をつかうことなく粗略に扱ってきた肉体さんに詫び、お腹としっかり向き合い、お世話をさせていただきました。

そんな経験をして、いろいろ考えさせられました。それまで「我」の思いにとらわれて、肉体を無視してがんばってきました。その報いが人間の自然である肉体に現れました。人類が地球の自然を酷使し、搾取してきたように、私は私の自然を酷使し、搾取してきたのではないか。その態度を改めなければならないということを痛切に教えられたような気がしました。肉体が身をもって教えてくれたような気がしました。「我」の思い通りにならない膀胱や腸の働きによってです。

ある意味、肉体がストライキを起こしたように感じるところもありました。〝あんたの思うように、あんたの都合のいいようにばかりはならないよ〟と言わんばかりでした。もっと肉体の声を聴きとる耳を持たないといけないと思いました。もっと自然の声を聴きとる耳を持たなければなりません。それこそ、「我」の思いにまかせて走ってきた自分の生き方を具体的に、実際に変えていく前提だと思いました。肉体は「我」の所有物ではなく、大きな生命の器なのだと痛感しました。

おかげで、肉体は自分にとって一番身近な自然であると気づかされ、そのくせその自然のことを気にかけず、粗略に扱っていることに気づかされました。放射線治療を受けたおかげです。自然の摂理に背いて、自然を思うようにすることはできないように、医療技術の発展によって実現した放射線の照射に都合のよいようには、膀胱や腸は働いてくれませんでした。便やガスをこちらの意思で出したり消したりできないものだという当たり前のことに気づかされました。自分の肉体の都合や摂理を無視して、肉体の声を聴かずに、こちらの都合のよいようにこき使ってきたから、肉体がいざというときに言うことを聴いてくれませんでした。そうそうあんたの都合通りにはいかないよというわけです。

がんばり屋さんと「タイプA行動特性」

「タイプA行動特性」とは、たとえばノルマのある仕事をより多く、より早くやり遂げようとがんばるような特性です。このタイプの人は、そうでない人に比べて、「虚血性心疾患」にかかりやすいということがアメリカでの疫学調査の結果わかりました。

一九八七年の宗像恒次氏らの調査では、日本人のタイプA行動特性は、同じ先進産業社会でも、米国にみられるものとは少し異なることがわかりました。米国の「タイプA行動特性」は、独立した自由な個人として自己を主張し、他人と競争し、攻撃し、社会的に成功するために懸命になる能動的な行動特性です。それに対して、日本人の「タイプA行動特性」は、むしろ受動的で遅くまで仕事をしないと悪い気がしたり、一生懸命に仕事していないと落ち着かなかったり、休んでいると他の人に悪い気がしたり、罪の意識を持ちやすいところがあります。つまり、周りとの「つき合い」のなかで「急ぎ病」だったり、多くを求めて仕事中毒になったり、「虚血性心疾患」などさまざまな病気をつくったりしているところがあるのです。

日本人の「タイプA行動」をとる人は、周囲の力の強い者に対する従順さや、大切なことは最後までとことんこだわったり、約束したことは決して破らなかったり、徹底性や熱中性や強い義務感をもっており、個人というよりも組織の生き残りと繁栄のために、周囲との「つき合い」を大切にしながら、不規則な生活をして「がんばっている」姿が垣間見えます。

「タイプA」行動特性と「よい子」特性

こうした行動特性は、「よい子」の特性と親和性があるようです。「タイプA行動特性」研究の創始者M・フリードマンは、「タイプA行動」をとりがちな人は劣等感を根底にもち、人に気に入られたい、認められたい気持ちが強く、つらいことがあってもがんばる特性を持つと指摘しています。日本人を対象にした宗像氏らの調査によれば、タイプA行動と「よい子」と呼ばれる行動特性とは有意な相関関係を示す結果が出ています。

ここでいう「よい子」とは、「人の期待にそうよう努力する」「つらいことがあっても我慢する」「自分の感情を抑えてしまう」など、人に認めてもらおうと、自分の感情や欲求を抑えてでも人の期待にこたえようとする行動特性の強い人のことです。それだけに、感情や欲求が抑圧され、不快感、憂鬱《ゆううつ》、不満、怒り、不安、自信喪失などを持ちやすいのです。こういう特性は、私が「がんばり屋さん」と呼ぶ人の特性と通じるところがあります。

そこには周りの人、とりわけ肩をもってくれる上司や仲間などに嫌われたくない、認められたい、気に入られたいとする依存感情の強さがみられます。そのような感情を満たすために、周りの期待に応えて「よい子」になって、「タイプA」的に、より早く、より多く、他の人に負けずにがんばるわけです。そのために自己犠牲を払ってでも努力します。自己犠牲を払うことで周りに認められることにもなるのです。

また「よい子」は察しの能力も高い人が多いのです。相手が何を欲しているか、相手が言わなくてもわかり、それに応えようとし、相手にもそれを期待して、そのような関係の心地よさに満足しているところがあります。このような日本人的な「タイプA行動特性」や「よい子」の行動特性を持つ人が、自分の健康を守るために、宗像氏が挙げていることは次のようなことです。

①周りに対する不義理もやむなしと考える。
②周りが何をしてほしいと思っているか察することができても、自分の健康を守るために、意識的に期待に応じないようにする。
③自己犠牲を払っても、心身の健康を台無しにしたら甲斐もないと自分に言い聞かせる。

④ストレス症状を自覚し、心身の反応を自己観察し、症状がつよい時には、煙草や酒や食べ物などを用いるより、より健康な方法、音楽を聴いたり、腹式呼吸や軽い運動などを行ったり、また意識的に休暇をとることである。（宗像恒次「『企業戦士』の過労死とタイプA行動」『こころの科学』No.三九「中年期のこころ」、四八～五四ページ、一九九一年）

第2部　「がんばり屋さん」とのカウンセリング

1　自分のこと、両親のこと――カウンセリング前編

多くの人は、メンタルな病《やまい》にかかるのは「心が弱い」人だからだと思いこんでいるでしょう。長年カウンセラーをやってきた私には、まったく違った面が見えています。むしろ、「強くあろうとして、がんばってきた」人がその無理な「がんばり」に耐え切れず、疲れ果てて心の失調をきたし、病を発症してやっと「休む」ことのできる「切符」を得られる姿がみえるのです。それは今の時代を映し出す病理なのかもしれません。

これから紹介するクライエントは、私が実際にカウンセリングをした「がんばり屋さん」の方たちを、一人の人物にモデル化したものです。その「がんばり屋さん」との対話は、実際のカウンセリングの記録やメモを元に私がデザインし、事実関係を脚色してカウンセリングの「人間的真実」を可能な限り損なわないように再現したものです。

ですから、おそらくいまの社会では一般的によく見られる人間像になっているのではないかと思います。その人物を「がんばり屋」のGさんと呼びます。そのGさんには、私が長年かかわりを持ってきた教育の世界に生き、人生の折り返し点（中年期）を迎えつつある三七歳の男性教師

として登場してもらいます。

たとえ職業設定や性のちがい、生い立ちや境遇の事実関係には違いがあっても、Gさんのなかに、自分自身の姿を重ねてみることができる読者も少なくないのではないかと思います。実際のカウンセリングは、言語的なやりとりだけではなく、非言語的なやりとり、表情、まなざし、仕草、声のトーン、響き、沈黙……さまざまな要素によって成り立ち、言語的なやりとりの再現だけでは到底その現実を再構成できるものではありません。

そういう質の再現は文章ではとても不可能ですので、それは端《はな》からあきらめ、ただ言語的なやりとりだけに限って「対話調」にして再現しました。実際の言語的なやりとりも、ここに表現されたものとは多少違っていると思います。私の場合、実際にはもう少し黙って聴いている時間や沈黙も多く、クライエントに対する助言やカウンセラーとしての解釈や意見の陳述もこれほど多くはありません。

ここではまさに、読者を意識して、「対話的」な形での問いかけや、自分の考えや解釈を披露する側面を強化しました。ですから、これが私のカウンセリングの忠実な再現ではないことをお断りしておきます。

カウンセリングを受けるようになった経緯

Gさんが病院を受診した際の主訴は〝不眠〟と〝不安〟でした。受診の一年前から不眠傾向が出て、就寝前に考え出すと眠れなくなります。人のたくさんいるところに出ることや人と話すのがつらい。医師からは「うつ病」と診断されました。睡眠薬で不眠を改善し、様子を見ようと、しばらく投薬を受けながら通院し、なんとか仕事を続けてきました。しかし抑鬱《よくうつ》が強くなり、医師から休養を提案されました。いったん休養したものの、復帰を焦るあまりに、無理をしては再度休養を取らないといけなくなり、リハビリ勤務もうまくいきません。そうした経緯を経てカウンセリングを受けることを医師に勧められました。「少し自分を受けいれられるようになったし、カウンセリングを受けることで、今よりも回復が早くなるのではないか」と勧められたといいます。

カウンセリングのオリエンテーション

私は初回のカウンセリングで、概《おおむ》ね次のようにオリエンテーションをします。

〈しんどいことを〝話す〟ことで、それを〝手放し〟、自分から〝離して〟みることができます。それだけで気持ちが楽になります。自分のことを話すことで自分と向き合い、心の奥に押しやっていた気持ちにも気づき、やがてそれを自分のものとして受けいれることができるようになります。気づかなかった自分に気づき、それも自分だと受けいれ、認めてやることは〝自分の人生を生きるうえでとても大切なことです。自分のなかで自分が分裂し、仲違《なかたが》いしていたら、〝自分を生きる〟ことができません。

他方の自分を〝こんなの自分じゃない〟とのけ者にしていたら、〝自分〟のなかの多様な自分が、力を合わせて感受性や表現力・エネルギーを発揮することができません。なによりも自分自身と仲良くすることが、幸せに生きる道だと思います。自分と一緒に〝まるごとの自分〟を生きられるようにお手伝いする。それがここでのカウンセリングです〉

（以下G「　」内の言葉がGさんの語りであり、C〈　〉内の言葉がカウンセラーの発言です。）

カウンセリングの始まり

C〈自分を少し受けいれられるようになったというのは、どういうことですか？〉

G「これまで、がんばる自分が自分だ、自分が強くなければならないと思ってやってきました。現在の職場でも周りの人には心配かけたくない。自分のことで厄介かけたくないと思います。立場上、責任があるから、余計に〝しんどい〟と言えません。ギリギリまで仕事をしてきました。食べられなくなって、体力がなくなり、動けなくなって、やっと休みたいということになったのです」

C〈それでやっと自分の状態を受けいれられましたか？〉

G「〝何もできないから休みたい〟と医者に言った瞬間に、緊張の糸が切れました。それから、医者の前でしんどいことも話せるようになったかな。それでも、なぜがんばってはいけないのかわからなかったです。ボクから〝がんばる〟をとったら何も残りません。周りは〝がんばらないでいい〝というけど、じゃあどうしたらいいのかわからないのです。

〝休んだらいいですよ〟と言われるけど、〝休む〟ということがどういうことかわかりません。〝仕事に行ってないから休んでいるじゃないか〟と思っていました。仕事のことがずっと頭にありました」

「仕事」のことが頭から離れない。身も心も臨戦態勢で、緊張してがんばる態勢が当たり前の状態になっていたGさんにとって、その緊張を緩める具合、加減、呼吸がわからない。身と心を緩めてリラックスするのが「休む」ということなのだけれど、その「休む」ということがどうにもわかりません。仕事を「休んでいる」のだから「休んでいる」じゃないか、というGさんに出会って、なるほど、これは筋金入りの「がんばり屋さん」だという印象をうけました。

Gさんには、仕事に行っていたときと同じようにしておかないと、復帰できなくなるのではないかという不安があるだけで、自分ががんばり過ぎているという自覚はまったくなかったのです。「みんなも同じぐらいがんばっているではないですか。ボク一人がそんなにがんばっているわけではないのに……」とおっしゃる。「弱い自分は見せられません。〝泣き言〟を言うことなんか受けいれられません。泣き言を言うのはボクではないと思っていました」とおっしゃいます。

G「それでも、子どもや保護者には〝いろんな面をもっていていいのだよ。がんばらなくてもいいからね〟と言っているのですよ。〝がんばらなくても、それが自分だからね〟と言っている。でも自分に対してはそう言っていないですね」

C〈子どもや保護者にはやさしいね。でもその言葉は口先だけのものになりますね〉

G「そうなりますね。本心から言ってないなとわかってきたら、それが許せないし、なんだか憂鬱《ゆううつ》で切ない気分です」

C〈そうですね。でも、病気をきっかけに自分に対しても本心からそう言える教師になればいいではないですか。これから弱い自分も受けいれていくことができれば、Gさんの教師としての仕事にも生かされるのではないですか〉

G「なるほど、そうですね。でもやはり焦ります。ボクが焦るのは、早く前と同じようにみんなに迷惑をかけないで働けるようになりたいからです」

C〈これまでのGさんならそうだろうね。ところがこれまでと同じGさんで学校に戻るのではありません。今まで押し殺してきた自分を受けいれて戻る。今まで通りの自分で学校に戻るのではないですよ〉

G「周りから焦らなくてもよいと言われます。でも何を焦らなくてもよいのかよくわからない」

C〈これまで弱音を吐く自分にはきびしかったでしょう。自分にきびしく、他人にやさしくしておられた。それもGさんのやさしさ。でも一番身近な自分自身にはきびしくして、他人にだけやさしくというのは偏っていますね。自分にもやさしくできる人間として戻っていく。そうでないとバランスがとれない。病気になった意味がない。前に戻るのではなく、バランスを戻すのだから焦る必要はありませんよ〉

G「ああ。そうなのですか？」

C〈〝新しい自分〟に生まれ変わって学校に戻るのです。生まれるためには、十月十日《とつきとおか》かかる。〝早く生まれよ〟なんておかしいでしょう。〝新しい自分〟に生まれ変わるのだから、今の休んでいる時間をきちんと受けいれたらいいですよ。生まれかかっているのですから（笑）〉

自分の価値観と周囲のズレ

G「さきほど、先生はボクのことを自分にきびしく、他人にやさしいとおっしゃったけど、実は、最近、新採教員に対して評価や要求がきつい自分が見えてきたのです。自分だって新採一年目にはできなかったことなのに、それに対してマイナスの感情を抱く自分がいる。相手がもたもたしていると、ついそれが出てしまう。純粋に相手のことを考えているというよりも、自分の感情のはけ口にしているのではないか。そう思うと、すごく嫌なのです」

C〈その〝マイナスの感情〟というのは、どんな感情ですか？〉

G「〝こうあるべき〟という理想像があって、できないならできないなりに努力しろよ、謙虚でいろよという気持ちかな。そこから外れていると正したくなる。他の先生はもっと楽しくやっているのに、許容範囲が狭いのかなと悩みます」
C〈理想像があって、そこから外れているとイライラするということですか?〉
G「自分がいちばん大事にしていることを、簡単に覆《くつがえ》されるのをみると怒りを感じる」
C〈たとえば、どんなことですか?〉
G「周りのことを考えずに自分の好きなようにやっているとか、やりっ放しだとか、丸投げみたいなところがあると、その人の価値を疑う。それを放置している周りにも腹が立つのです」
C〈なるほど、ピリッとしないで、緩んでいるような態度に腹が立つのですね〉
G「そういう面もあるのですけど、傷つくような言い方をするのはよくないという風潮があるし、自分の叱《しか》り方にも虫の居所が影響しているようにも思う。叱ることで相手との関係が崩れるのではと恐れるいやらしいところも自分にあって、複雑な気分になる。自分にきびしいので、どうしても他人にもそれを要求してしまうのかな」
C〈なるほど。でも、Gさんの年代ならば、鬼軍曹みたいな人が一人ぐらい職場にいてもいいのではないかと思うのですがねえ〉
G「仕事がどんどん溜まってきて、それで余裕がなくなっているところもありますねえ」
C〈仕事がどんどん溜まってくるというのは、なぜですか?〉
G「断れなくて仕事が溜まるというよりは、まあそれもあるのですが、断れる状況ではないなあと。それに他の人にはできないだろうなと思いこんでいる。責任感でもあるけれど、自分しかできないという優越感もあるかな」
C〈周囲に投げかけたりすることはないのですか?〉
G「時々、周りに振ることもありますけど、そうすると、それがちゃんと進んでいるかが気になる。自分のなかの完成度というのもあって、それを期待してお願いしているのに、それに達していなかったりすると不満が残ります」
C〈結局、自分でやった方がよいということになる?〉
G「これまでは、周りを巻き込んでいるよりも、小さい範囲で仕事が完結していることが多かったんです。それだけでは済まなくなってきたのかな。チーム学校とかなんとかいって、教職員が一丸となって取り組むことを要求されています」

〝つっけんどん〟になることが

G「周りに対してつっけんどんになることがある。〝これだけ忙しくて、これだけ大変なのにわかってくれよ!〟という感じかな。〝こんなにいっぱいいっぱいのときに、何を間抜けたことを言っているのだ!〟と思う。昔は、認められたいと思ってもそれを裏付けるものがなかった。それがブレーキになっていた気がします。いまはそれなりに積み上げてきたという自負があるので、本来の部分が露《あら》わになったのかもしれません。
一生懸命になると、自分のそういうところが見えなくなってしまうのがすごく怖い。知らない間に、人間関係とかコミュニケーションの部分で致命的なことをやらかしているのではないかと不安になります」

C〈そうなりつつあるなと感じたら、ちょっと誰かに話を聴いてもらったらどうですか。それだけでも少し、間を置けるのではないですか?〉

G「走っているときは、自分がわからなくなっているのです。走りながら話を聴いてもらうということはしづらい。わかっているのに、またやってしまったという感じ」

C〈Gさんもこれから中堅からベテランへと位置が変わって行くのですから、あんまり全部自分でやってしまうということになると、周囲の人がしんどくなる〉

G「つい手を出してしまったりする。そういうところがまだありますねえ」

C〈Gさん自身が仕事の領域で成長していくことと、精神的に解放されていくことが同じことではないかな?〉

G「仕事の仕方のなかにも、成長の課題があるのですかねえ」

C〈仕事の知識や技術だけではなく、仕事との向き合い方とか、自分自身との向き合い方とか、後輩を育てることとか、よい修行の機会を与えられているのかもしれませんね〉

G「なにか目標があってワーッとやっているときには、そういうところは切り捨てているのかなと思います。大変なことに取り組んでいるのだからわかってくれよという感じでごまかしていた部分がありますね」

C〈年齢からいっても人生の折り返し点が近づき、Gさんの教師として人間としての成長、発達の一つの峠に差し掛かっているのかもしれませんね〉

次のカウンセリング・セッションへ……

C〈今日はどんなお話をなさいますか？〉

G「……。ずっとそういうのが苦手でした。何かこれについてとなれば話せるけど。自分の話したいことを話すのは苦手です。〝できる人〟だから、〝どんなことでもこなせるから〟と期待されるから、どんなことでもやれないといけないのです」

C〈なるほど。ここでもカウンセラーの私が期待していることを話すのですか？〉

G「何を期待しておられるのかなと」

C〈何を言えば正解なのか、ということですね〉

G「そうですね」

C〈今日は何を話しますかと問われるのは、自分のパターンに合わない？　いつも自分を周りの期待に合わせるやり方でやってこられた？〉

G「そうですね」

Gさんの生き方がよく表れているやりとりでした。結構、Gさんのような方は多いです。「自由に話したいことを話してください」「今日はどんなお話をなさいますか?」「今日はどんなお話をきかせてもらえますか?」という導入に、戸惑う方は多いです。医者だと「どうですか?」ときかれて、「○○××です」と自分の状態を説明するというパターンになりますが、それとは違った導入ですから、戸惑うということもあるのでしょう。

それだけではありません。日本の国民には、相手の出方を窺《うかが》って問われることに応えるという、相手に合わせるパターンが染みついているようにも思えます。自発的に、内面の思いや気持ち、考えを表現するのが苦手のようにみえます。周囲の様子を窺ってモノを言うようなところがありますが、そういうことの表れでもあるのでしょう。そこには深い事情があるのだと推察されます。しかし、だからこそ、カウンセリングでは「私はこう感じる」「ボクはこう考える」と表現する主体になってもらいたいのです。

G「とても小さい頃のボクはそうでなかったと、父は言いますね。やりたい放題、わがままにしていたといいます」

C〈その頃のあなたはどこに行ったのですか?〉

G「抑えつけてしまった。嫌いなものは嫌い、ほしいものは手に入れたい。そういう感じの子だったそうです。一つだけほしいものがあれば、それだけを求める子だったそうです」

C〈そういうGさんが、変わってしまったのはなぜですか？〉

「よい子」にしていたらお母さんが帰ってくる

G「実は、ボクが小学校一年生のときに母が病気で入院しました。それで親戚にあずけられました。そのときに周囲から言われたことは〝よい子にしていたら、お母さんは早く帰ってくる〟〝そんなことをしていたら、お母さん早く帰ってこないよ〟とかでした。

母が帰ってくるためには〝よい子〟でいないといけない。周囲に迷惑かけるようなことをしてはいけない。それが強くありました。それは覚えています。でも我慢して〝よい子〟にしていても、母はよくなって帰ってこない。どこまで我慢していればいいのだろうと思っていました。弟にまで〝よい子にしてないとお母さんは帰ってこないよ〟とボクが言っていた。弟は〝よい子にしているのに、お母さんは帰ってこないじゃないか〟と言う。それって本当はボクが言いたいことでした。言いたくてもそれを我慢していたのです」

C〈ああ、そんなことがあったのですか。それは本当につらかったでしょうね。子どもの頃から苦労なさったのですね。よく話してくださいました〉

G「職場でも、自分が手いっぱいでも、頼まれたら〝いいよ、ボクがやってあげる〟と引き受けた。〝ああ、いいよ〟と引き受けて、仕事を増やしてしまう。それをまたやりこなしてしまうから、たいしたことなかったなという感じになる」

C〈だから、本当はやりこなせていない。体を犠牲にしているのですね〉
G「それがわからなかったです」
C〈一見やりこなせていたように見えて、心身の犠牲のうえに、やりこなせているように見えた。体を痛めているのに、なぜ無理だと言えなかったのでしょうね？〉
G「なぜ〝『大丈夫だ』と言っているのだろう？〟という自分もいるのですよ。大丈夫でないのに、〝大丈夫〟と言っている。なぜ〝しんどいって言えないのだろう？〟と」

自分にどうやさしくすればいいのかわからない

G「自分にやさしくすることはできないです。きびしくすることはできても。〝周囲に頼ったらいいよ、甘えたらいいよ〟と言ってくれるのはありがたいけど、ボク自身どう甘え、どう頼ったらいいのかそれがわからないから、どうしていいのかわからない状態ですね」
C〈Gさんは、マッサージしてもらったりすることありますか？〉
G「あります」
C〈体をマッサージ師に任せて、だんだん気持ちがよくなってくるでしょ〉
G「はい。でも気持ちがよくなってくるまでにかなり通わないと、なかなか緊張を解けない。何のためにマッサージにいっているのかなと思います」
C〈任せないといけないところで、緊張してしまっている。じゃあ、ここでも緊張してらっし

やるわけですね〉
G「そうですね（笑）、緊張していますね」
C〈今はどうですか？〉
G「前回よりも、ほぐれています」
C〈ここでもだんだんほぐれていって、自由に話せるようになればいい。それが日常生活でも広がっていけばいい。最初に〝今日は何を話しますか〟というところから始まって、自分から話すのが苦手で、むしろ周りから何を期待されているのか、何を求められているのかというパターンで動いている、小さいときはわがままだったけど、その子はどこへ行ったのですかという話になったのだけど、そのあなたがもう少し出てくるようになればいいですね〉
G「〝これ聞いて！〟というのができなかったです」
C〈〝これ聞いて〟というのが、ここでやってほしいことです〉
G「（笑）うーん。難しいです」
C〈でも結構いままでも話しているでしょう。これまでの小さい頃のことを話されたけど、それは期待されていることだから話されたのですか？　カウンセリングでこういうことを求められているから、話されたのですか？〉
G「そうではないですね。話したかった、聞いてほしかったのでしょうね。話せるようになりました。その時のことに触れるのは嫌だった。ある時期を境に話せるようになりました」

C〈ある時期というのは?〉

中学二年生のときに母が亡くなった

G「一七歳の頃かな。実はボクが中学二年生のときに母が亡くなったのです。その母の死を受けいれられなかった。母は死んだのになぜボクは生きないといけないのかとか、いろいろ考えていました。〝お母さん〟や〝母〟という言葉を聞くのも嫌でした。でも、母の三回忌ぐらいを境に少し話せるようになってきました。母が残してくれたのはボク自身だから、ボクは生きていかないといけないと思えるようになりました」

C〈あなたにとっては、とても大きな出来事だったのですね。だから、ここでその話題がでてきたのでしょう。そんなことがあったのですね。つらくて思い出したくないと思っていたことを、ここで話してくださったのですね。よく話してくださいました〉

G「周囲から〝あなたがよい子にしていたらお母さんは帰ってくる〟といわれて我慢していました。でも母は帰ってこなかった。〝よい子にしていたらよくなって帰ってくるよ〟といわれて我慢していたのに、〝なぜ?〟という気持ちで母の死を受けいれられませんでした。それまでの七年間のボクたちってなんだったのか。

もうこの二、三日でダメだろうとわかったときに、周囲のおとなたちが葬儀の段取りをし始めた。そのことにとても腹がたって仕方がなかった。〝そんなことやめてほしい! お母さんは生きているのに！〟と叫びたかった。でも自分の気持ちを強くもたないと、しっかりしないといけないという気持ちが強かった。父は仕事で忙しいから、ボクががんばらないと家族が崩れてしまうと思った。ボクが弱いところを見せたらいけないと思っていました」

C〈本当はもっと手放しで泣きたかったでしょうに。それだと家族を守れないということで、しっかり者のお兄ちゃんをやって来たのですね〉

泣きたい気持ちを呪文のように封じ込んだ

C〈いまのお話を聴くと、その時からのがんばりが心のなかで緩み切れてないのですね。成仏し切れていない感情があってそれをひきずってらっしゃるような。それが解けないと、自分にやさしくするとか、周囲に甘えるとか、そういうこともできないのかなという感じさえしますね。相当大変な体験だったのだろうと思いますし、Gさんは淡々と話しておられるけど、そうでないとワーッと泣き出してしまうような感じがあるのでしょう。自分がしっかりしないといけないという固い決意をされたのでしょう。それが今でも緩んでいないのですね〉

Gさんは、自分が我慢しないで弱いところを見せてしまったら大事なものを守れないということでがんばってきたのです。緩んでも大切なものを守れるというふうにGさんの心が納得しなければ、緩むことができない。それぐらいGさんは固い決意をしたのでしょう。呪文みたいに自分の泣きたい気持ちや弱さを封じ込んだのです。その呪文を解かないと、緩めることができない印象を受けました。

C〈いまでも、心の奥でがんばっていたら母が帰ってくると信じている？〉

G「そうですね。それが解けてしまうことが恐くなってしまっている。それが解けたときの自分がなにか恐い。固めたままそのなかにいたほうがいいと思いこんでいる。だから、今でも恐いです。崩れてしまうのが恐いです」

C〈そうでしょうね。でも大丈夫。お母さんは〝G、よくがんばってきたねえ。もうそろそろ私にさようならしてちょうだい〟とおっしゃるのではないですか。だってあなたはお母さんが帰ってきてくれると信じて一生懸命がんばったのでしょ。いまだに心のどこかでお母さんが帰ってきてくれるものだと信じてがんばっていらっしゃるのかもしれない〉

G「ああー！」

C〈がんばらないと本当にお母さんに〝さようなら〟してしまって、お母さんは本当に帰ってこないのではないかと、どこかでいまだに思ってらっしゃるのかもしれない〉

G「だから、がんばり続けないといけないような……」

C〈お母さんとの関係であなたはがんばってこられた。だから、お母さんときちんと〝さようなら〟できたときに、あなたは自分を緩められるようになるのだなと私は感じました。

……そういうことをここでやっていきませんかということになりますね。それを封印してきたようなことだから、大変な仕事になるのかもしれないけど。それをするなら、お手伝いしますよ〉

G「そうですね」

次のカウンセリング・セッションへ……

相手に合わせるパターンを変えないといけない

C〈今日は何を話しますか？　話したいことを話せばいいですよ。それがあなたにとっては苦手なパターンなのでしょうけど。これも一つの練習ですからねえ。人から期待されていることを話すのではなくて、自分の中から出てきたがっているものを出すのです〉

G「ええ!?　何が出てきたがっているんですか?」

C〈いつも向こうに合わせようとしているから、向こうがいなくなると何をしていいのかわからなくなる〉

G「なるほど」

C〈だから、あなたの中から出たがっているものが出てこられない。それが心身の不調になって出てきているのではないですか？　そのパターンを変えないといけないのでしょう〉

G「そうです。自分が頼まれるのは平気ですけど、物事を頼むというのは苦手です。なにかやらないといけないことを与えられていると安心。自分が忙しいのが当たり前。好きでないけど、安心していられます。何もすることがなくなると、その時間をどう使っていいのかわからない。でも今は、自分が好きだなあと思うことを、空いた時間にするようにしています。ちょっと好きなことをする時間を持てるようになったのが、少し嬉しいかな」

C〈頼むのが苦手という、その気持ちはどんな気持ちですか?〉

G「甘えたらあかんという気持ち」

C〈その気持ちはどこから出てくるのでしょうね?〉

G「自分がしっかりしないといけない。自分が家を支えていかないといけない」

C〈そうしないと、家族が壊れてしまう?〉

G「そうですね。バラバラになってしまったら困る。住むところがなくなったら困る」

自分が家族を守らないといけないという決意

G「小学校の頃、なぜこんな年齢なのにおとなの顔色を見ないといけないのかと感じていました。親戚が、対抗しないといけないような存在になってしまっていた。それに対して自分が家族を守らないといけない、弟との生活の拠点を守っていかなくては、というのが強かった」

C〈今の認識能力をもつ年齢だったらどうでしたか? 私がわからないのは、なぜそこまでが

んばらないといけないと思ったのか？　状況はわかりますよ。お父さんに頼れなかったのかな？〉

Ｇ「父も親戚に対して遠慮があったのだと思う、ボクに対してもきびしかった。お母さんがいなくても、男らしくメソメソするなという感じで、ボクにきびしくあたっていたのだと思う。母が入院中も父は忙しくて、あまり病院に行くこともできなかった。それで、母の方の親戚からはかなり批判が強かった。看病している状況のなかで、かなり悪くいわれていた。父の立場もボクが守らないといけないと思った。母方の親戚は何もしてくれないのに、口ばっかり出してくると思っていた」

Ｃ〈よくわかりました。なぜそこまで小さなあなたががんばらないといけないことになったのか〉

Ｇ「父の口癖が〝文武両道〟でした。ずっとそれを言われて育ってきました。長男ですし、期待が大きかった。体を鍛える運動をしなければならないということで、キャッチボールの相手を小さい時によくやらされた。それも泣きながらやっていました。なぜ、こんなことを泣きながらやらないといけないのか、信じられないですよね」

Ｃ〈それでも嫌だとは言えなかったのですか？〉

Ｇ「そうですね。言えなかったですね。父には逆らえなかったです。そのことがいまの対人関係のやりにくさに影響しているだろうなということは、一〇年前ぐらいに気づきましたね。でもいまだにその影響は受け続けているのですね。あきれ返るぐらい、自分のなかに深くこびりついているのだなあと思います」

C〈甘えられないのですねえ。上司とかの前では弱みを見せてはいけない。その期待に応えなければならない。そういうところが抜けないところがありますか？〉

G「そういうところがありますね。それが父との関係が深く影響しているのかなと感じます。理屈としてはそういうことに一〇年前ぐらいから気づきました」

状況は変わったのになぜがんばっているのか

C〈あなたががんばらないといけないと決意した状況はよくわかりました。でもいまは、あなたも立派なおとなになってその状況は変わっている。ただ、がんばるあなたは変わっていない。病や親戚から家族を守るためにがんばってこられた。お父さんにきびしくされたということもありました。しかし、その状況がいまはなくなっている。でもいまだにがんばっている。がんばることが目的でないはずですね〉

G「そうです。がんばらないと仕方がないから、がんばっていました」

C〈子どもとしては最高にがんばってきた。でも状況が変わったのだから、そのがんばりを緩めていいはず。でもいまだにがんばっておられる。子どもの頃のがんばりは、そうしないと生きられなかった。大事なものを守れなかった。だから仕方がない。でもいつまでもそこにとどまる必要はないはずでしょう。状況は変わったのだから、また違う生き方をしてもいいはずですよ

ね〉

G「なにか、崩すのが恐いのです」

C〈その〝恐い〟という気持ち、それはどういう感じの恐さですか？〉

G「がんばらない自分ってどういう自分なのか？　それがわからない恐さです」

C〈どんな自分になるか、楽しみにしてもいいでしょう？〉

ボクから〝がんばり〟をとったら何も残らない

G「えっ！　自分を見失ってしまいそうになります」

C〈がんばる自分にとても執着したままで、これからも生きていくつもりですか？　がんばる自分にしがみついて生きていくのですか？〉

G「それが自分だと思ってきたから。ボクからがんばりをとったら、何が残るのかと」

C〈〝がんばる〟というのは、〝大事なものを守るための鎧《よろい》〟でしょう。鎧を脱いでも本体はあるわけでしょう〉

G「うん。でも弱い自分になりそうで……」

C〈鎧を脱いだらなぜ弱い自分になるのですか？　鎧っていうのは戦《いくさ》のなかで切ったはったをするから鎧を着ている。身を守るために、あるいは周りを威圧するために。ふだんに鎧を着ていたら、逆に邪魔になるのでないですか。教師をやっていれば、子どもと触れ合うのに邪魔になるでしょう。そうでしょ。私はいまとにかく理屈を言っているのですよ。あなたの心がついてくるかどうかはべつにして。理屈からいえばそうでしょ。むやみに恐がらないで、理性的にちゃんと見てください。あなたは、もともとすごく〝弱い子〟で、鎧を着ることでなんとかがんばれたというそんな思いがあるのですか？〉

G「うーん……。そんなに強い子ではない」

C〈でもとても小さかったころのあなたは、とてもわがままで、自分のしたいようにやっていた。自分をちゃんと主張できる、強いところがあったのではないですか？〉

G「でも甘えたり、頼ったりする」

C〈それがどうして弱さになるのですか？〉

G「自分でそう思いこんでいるんです」

なぜ甘えてはいけないと思いこんでいるの？

C〈そうでしょう。〝思いこみ〟でしょう。だのに、あなたは他の人や子どもには〝甘えてもいいのだよ〟と言っているじゃない。それは他の人や子どもには〝弱い人間〟でいなさいと言っているの？　違うでしょう。ふだん言っていることと、あなたが思いこんでいることとが違うじゃないですか？〉

G「……どうしてそう思うのかわからないけど、頼ったり、甘えたりすることがいけないことと思いこんでいますね」

C〈それを感じますか？　それはあなたの小さい頃の状況が、そう思わないとがんばりきれない状況だったからではないですか？　甘えていたら守れない。だから、その時に思いこんでいるのならそれはわかりますよ。でも状況が変わっても、それをずっと持ち続ける必要はないのではないですか？〉

G「何か、取り払うのが難しいです」

C〈難しいけど、本当は簡単です。大事なものだと思いこんでいるから、一生懸命握っている。これは放すのは簡単、手を開けばいいのだから。でもそれが難しいのですよね〉

鎧を脱いだら何が出てくる？

G「周りの人は、〝そんなもの、頼ったらいい〟と言ってくれるのだけど……。〝どうしたら頼れるのか？　なぜみんなはそういうことができるのか？〟いざ自分がそうしようとすると構えてしまいます」

C〈少しずつ、今までの感じ方を緩めていくという方法もあれば、自分がなぜそうしているのかと、その〝恐さ〟を見抜いてしまう方法もある。たとえば、本当はロープなのに、蛇《へび》と間違って恐がっている。そういうことがわかれば恐くなくなるでしょ。蛇だと思いこんでいるから恐い。ロープだとわかれば恐くない。だから、自分の恐さをよくみてみる。どういう恐さなのか。〝自分が自分でなくなる〟ってどういうこと？　じゃあ、いま自分だと思っている自分は何？　鎧を脱いだら、何が出てくるのでしたか？〉
G「泣いたり、甘えたりする自分が出てくる。取ってしまえば、どんな自分が出てくるのか予想がつきません」
C〈予想がつかないから恐い？〉
G「ああ？　人の目を気にしているのかもしれない。〝鎧をとったあとの自分はどんなふうに見えるのだろう？〟という……どんなふうに見られるのだろうかと、それが不安」
C〈悪く見られることを予想しているのですか？〉
G「そう。〝悪く見られたらどうしよう？〟と思っているのかもしれない」
C〈よく見られるかもしれないですよね〉
G「ああ（笑）。でもどうしても否定的なことばかりが出てきてしまいます。悪い方、悪い方のイメージが出てきてしまいます」
C〈どんなふうに？　出してみてください。ここに〉
G「〝わがままばかり言う自分〟に見られるのとちがうかと。周りからどんなふうに見られるのかというのがやっぱり恐い。印象悪く見られたら嫌だなと思う」
C〈でも、周りに一生懸命合わせて、自分がいつも優位に立つ。頼られる側に立つ。そういう〝嫌味な〟あなたではなくて、〝かわいげ〟がでてきたなと肯定的に見られるかもしれないじゃな

いですか？〉

G「そんなふうに考えたことがないですね（笑）」

C〈いつも自分が頼られる側に立つ人って、ある意味では嫌味じゃないですか？　それでは対等になれないじゃないですか。たとえば、私があなたに頼ってばかりだとする。あなたは気持ちいいかもしれないけど、私は全然気持ちよくない。だって、あなたと対等になれないから。いつもあなたに借りばかりつくる。あなたに頭が上がらない。そんな相手と一緒にいて楽しいと思いますか？〉

G（うーんと考え込んでいる）「つき合いたくない」

C〈でしょう。そういう人になっているかもしれないですよ〉

……沈黙……

他人の期待するイメージに閉じこめている？

G「何が自分なのか……？」

C〈そんなに自分を決めつけないでもいいのではないですか？〝あるがまま〟の自分であればいい。なぜ〝私はこうでなければならない〟と決めつけてしまうのですか？（G「ああ？」）〉

G「なんかすごく、こうでないといけないというふうに思っていますね」

C〈何回も言いますけど、戦場にいたとき城を守らなければならない若君だったとき、その時は懐《ふところ》に剣を忍ばせて、〝私が守らないといけない〟と鎧を着た自分であってもいいでしょう。でも、そういう状況ではなくなっているでしょう。それなのに、なぜいつまでもそういう自分でなければならないのですか？〉

G「わからないです」

C〈それが自分の思いこみ。それは思い方の癖みたいなものでないですか？〉

G「そうしている方が楽ですから」

C〈楽かもしれないけど、逆にどこかに無理が出ているじゃないですか。あなたの〝まるごと〟が楽になっているのではない。体と心にかなり無理が出ている。そういう自分になぜとらわれないといけないのですか〉

G「主任だからがんばらないといけない（笑）。〝同僚や上司から思われているような自分〟でなければならないと、思いこんでいるようなところがある。〝私はこういうことができる人〟って思われれば、それをやりこなさないといけない自分をつくってしまう。〝こういうことは得意だよね〟といわれると、得意でなくても得意なようにしなくてはいけない。そういうのが自分のなかにすごくありますね。

それを一度やってしまうと、そのことに関しては完璧に任せても大丈夫と思ってもらえる人になっておかないといけない。それは得意でもないし、やりたいことでもない。でも周りはボクがそれを得意だし、やれる人だと思っている、だからがんばってそれができるようにならないといけない、そんなふうにこれまできていますね。〝周りの抱くイメージの自分〟でなければならないと……」

C〈それをしっかりと見てください。なんのためにそういうことをしているのですか？　なぜ人があなたに押しつけるイメージに、合わせないといけないのですか？〉

G「断ったら悪い印象を持たれるのでないかなとか思いこんでいる。一緒に仕事をする仲間だから……期待されているから、その期待に応えなくてはと思う」

C〈その期待のなかに自分を閉じこめている〉

G「期待されたそれができたら、喜んでもらえるから……」

C〈それは、Gさんの馴染んできた心の感じ方としてはよくわかります。でもそれは一面的な見方ではないですか。期待をかけられて、そのなかに閉じこめられていることになりませんか。人間ってもっと大きく豊かなのに、期待に応える〝よい子〟という小さな枠にはめこまれて、そのなかに自分を閉じこめている。〝完璧にやりこなせる自分〟を〝自分らしい〟と思いこみ、その〝自分らしさ〟のなかに自分を閉じこめている。そんなの、自分を閉じこめる呪文だよ。呪文から自分を解き放ち自由にする。それがここでやらないといけない仕事でしょう〉

期待に応えるのは悪いことではないが

G「でも期待に応えるのは、べつに悪くはないでしょう？」

C〈それは、自由な心で応えるのはいい。〝応えなければならない〟というのはおかしい。あなたの場合は〝応えなければならない〟だからね。そこには応えないという選択肢はない。その場合は、応えるしかない。応えなかったら「罪悪感」「負い目」を感じないといけない。なぜすべての期待に応えないといけないのですか?〉

……沈黙……

C〈期待に応えるなとは言っていませんよ。〝期待に応えなければならない〟という呪縛からは解放されてもいいでしょうと言っている。自分の自由な意思で期待に応えるのはいい。自ら自発的にこの人のこういう期待には一生懸命応えたい——これはいい。あなたのはそうでない。強迫的に〝期待に応えなければならない〟になっているんです〉

G「そうです。〝しなければならない〟できている」

C〈期待に応えたいというのではなく、〝ねばならない〟という強制だ〉

G「だから、期待に応えられたときも〝やった!〟という感じではなく、ホッとする。〝達成感〟ではなくて、なんとかやりこなせたという〝安堵《あんど》感〟です」

C〈そうでしょう。なぜそんなところに自分を閉じこめなければならないのですか?〉

G「誰かがしないといけないから」

いつまでも小さい時のがんばりを続ける必要はない
C〈あなたの小さいときの状況はそうだった。それは小さいときに身に付けた癖ではないですか？　状況は違うのだから、そこから自分を解放すればいい。あなたがそういう状態にとらわれているることを、私はバカにしているわけでないし、否定しているわけではないですよ。一生懸命、小学生の時から、家族を支え、家を支えて守ってきた。その時には必要だったと思う。その時にがんばりの癖がついたのは、それはもう当然だと思います。一生懸命生きるなかで、そういう癖がついたのです。でも状況が変わってきているなかでは、癖をずっとひきずる必要はないのではないですか。
それで幸せだったらいいですよ。違うじゃないですか？　いろいろ〝症状〟がでてきているじゃないですか。なんか無理が出てきているということでしょう。〝症状〟が教えてくれている。〝あなた無理しているよ〟と体と心が教えてくれている。
そのメッセージに素直に応えてやらないといけない。〝いや、ボクはこれでずっと生きてきたのだから、これになじみがある〟といって、いつまでも続ける必要はない。〝ボクはこれを捨てられない。親の形見だ〟といっていつまでもそれを着ている必要はないでしょう〉
G「脱ぎたいです」
C〈私はその手伝いをしているんです。正体を見たらいい。脱いだらなぜ恐い？　幻の蛇に脅えているのではないですか？〉

G「何を恐がっているのかわからないです」

C〈だから、見つめたらいい。自分は何を恐がっているのか?〉

次のカウンセリング・セッションへ……

「今日は何を話しますか?」という導入

C〈今日は何を話しますか?　……こう言われるのはやはり苦手ですか?〉

G「こういう場面は逃げていますね。周囲が何を求めているのかがわからないとしゃべれない」

C〈私は何も求めていません。何も期待していません。あなた自身が話したいことを話されることを期待していますがね。ここで私が〝今日は何を話しますか〟という言い方をするのは、あくまでも〝あなたが主体なのですよ。あなたが望んでここに来られているのですよ。あなたが話をするためにここに来ているのですよ〟ということをあなたに引き受けてもらうためにです。私が主導してあなたを導くのではないですよ。あなたが考えるのを手伝うだけですよ。そういう主体的な役割を引き受けていただくためにこういう言い方をしているのです。〝どうですか?〟と私が聞けば、あなたはそれに応える形になるでしょう〉

G「そうですね」

C〈そうなれば、あなたは受け身になる。そうすると主導権は私が握っていることになる。あなたが問題をかかえていて、あなたが問題を解決するために、あなたが求めてここに来ていらっしゃるのだから、ここでご自分が考えたいことを考えていただく。そのためですよ〉

身内の死について。「気になるのはわけがある」

G「身内で不幸なことがあったんです。伯母が亡くなりました。ぽっくりと亡くなった。独身で八〇代のかなり高齢だったのに、それを考えても仕方がないのだけど、頭のどこかにずっと引っかかっている」

C〈何か引っかかるのですね?〉

G「元気だったのに、亡くなった状況を聞いたら、その状況が頭から離れないのです。ずっと独身で生きてこられた。幸せだったのかなと気になっていろいろ考えるのです」

C〈気になるのはわけがある〉

G「何が気になるのでしょうか?」

C〈それがわかったら、あなたは一つ自分がわかる〉

G「そんなに親しかったわけではないけれど、母が亡くなってからは折に触れ力になってくれていた。……祖母の亡くなり方と、今回の伯母の亡くなり方を比べると、どちらが幸せだったのかとか、そういうことを考えます。祖母は施設に入ったのだけど、周りの人と楽しくしていて亡くなった。伯母は独身でひとりで自由に暮らしていたけれど、幸せということではなかったのかなとか、父がいま一人暮らしだから、そこに重ねてしまうのか……。この人は大丈夫だと思っていても、どうなるかわからないなあとか、いろいろ考えてしまうんです」

C〈どういう死に方がいいのか、お父さんのことも気になるのですか?〉

G「そうですね。どんな人でもそういうことがあるのかなあ。父はどうなのかな、一人でいてもそれはそれで楽しんでいるのかなとか……。ボクはどうしていくのだろうとか」

C〈それ、そういうふうにいろいろつながっているではないですか。やはり気になる背後には、いまおっしゃったようなことがある。いま話したから、そういうことが明らかになってきた。いまみたいな話でいいのですよ。自分が気になっていることから、芋蔓《いもづる》じゃないけど、いろんなものが出てくる。それが考えないといけないテーマなのではないのですか?〉

G「うーん。やはり、父のことが気になるし、ボク自身がどうやっていくのか、いまのことで精一杯だから、考えられないのだけど、これからどう生きていくのかなあと。ずっといまの状態が続くわけではないだろうし、これからどうなっていくのかなあとか。いつまで寿命があるのかなとか……。一人で生活していくのが寂しいのかな、気楽なのかなとか……」

Gさんは、間もなく前半生から後半生への人生の折り返し点を迎える年代にあります。そのころに、もう一度自分自身と向き合い、これまでの人生はこれでよかったのか、これからどのように生きていくのか自己の再構成を迫られることがあります。

前半生では自分の年齢を生まれてから何年ということで意識しますが、後半生になると、あと何年生きられるかというふうに、死から勘定して自分の年齢を意識するようにもなります。親の死に直面して、否応なしに人生の有限性を意識させられます。Gさんが、伯母さんの死に出会って、そのことがなぜか気になったのも、そういう背景があるからだろうと私は思いました。

お母さんが亡くなったとき、Gさんは思春期にいました。思春期も「第二の誕生」の時といわれるほどの、人生の大きな峠ですが、Gさんの現在の年代も、前半生から後半生、放物線で書けば、上り坂の人生から、下り坂の人生へと展開する一つの大きな峠だといえるのです。その時には、その時なりの人生の季節のもつ課題があるのだろうと思います。

自分と父の心配をしていることに気づく

C〈そういうことを考えさせられたのですね〉
G「これが幸せなのだということもないのかなと。自分がこうだと思っていたことが、そうでもないのかなと」
C〈こうだと思っていたことが、揺るがされるような、そういう出来事だったのですね。今回のことは〉
G「これまでにも身内が亡くなったことはあるけど、今回はすごく気になっているなあ、なぜこんなに気になるのかなあと……。自分と父の心配をしていることがわかりました」
C〈このように話すだけで、そういうことに気づいてこられた。見えないものが見えてきたじゃないですか〉
G「そうですね（笑）」
C〈これがカウンセリングなのですよ〉
G「思い起こせばこういうことがあったなと、その時には気づいていないけど、なんかおかしいなということがずっと続いていたかなと思います。仕事を休んで治療を受けるようになって、思い返せば、そうでした」
C〈それまでは見て見ぬふりをしてきたのですね〉
G「そうですね。まだがんばれる、まだがんばれると自分に言い聞かせてきていました」
C〈ここにきてそれもできなくなって、向き合わざるを得なくなったのですね〉
G「それまでは、うわべの自分でやってきて、ほんとはしんどいと言いたいのに、明日も来ますと言っている自分がいたりしました。正気で考えたら、二人の自分がいることがわかるのに……。自分から、もう何もできない、休みたいと言ったときに、力が抜けた。本音が言えました」
C〈やっとそこまでたどり着いた。ご苦労様。八〇年の人生でいうと、その折り返し点が近づいてきて、もう一度自分と向き合って再出発するということでしょう。あなたを動かしている大きな生命が計らってくださったわけですね〉

Ｇ「ああ、そういうことなのでしょうかね」

小休止

生きものというのは、もともと無理してがんばるというようにはできていないのではないでしょうか。無理してがんばるのは人間だけではないでしょうか？　なぜ人間は無理してがんばるのでしょうか？　無理してがんばることができてしまうのか？

おそらく「自我意識」があり、「とらわれ」があるからではないでしょうか。「こうでなければならない」という「とらわれ」。「こういう自分でありたい」という自己像への執着。そういうものをもっているのは、人間だけです。Ｇさんの言うような〝自分からがんばるということをとったら、自分ではなくなる〟という〝自分らしさ〟へのとらわれ。そういう自分というものにこだわり、それを存在証明のように大事にすることができるのは、人間だけなのです。

それが人間のすばらしさであるのかもしれません。だが、そのすばらしさは、その裏で、生きものとしてのバランスを壊してしまい、自分を小さく閉じこめる弱点にもなりえます。他の生きものにはそういうものはありません。「あるがまま」で生きています。

「あるがまま」を受けいれないで、「こうであるべき」「こうでなければならない」という「とらわれ」に執着するのは、ある意味では「我がまま」だともいえます。「こうあるべき」という理想は、人生のある時期の目標としてあってもよいでしょう。でも、それが人生まるごとを縛るとらわれになると、それは「我」へのとらわれによって人生まるごとを縛ることになります。それは「我がまま」というべきものです。「我」というものにとらわれ、それをまかりとおらせる生き方だといえるのではないでしょうか。

母が亡くなったのがいまのボクの年齢

G「母が亡くなったのがいまのボクの年齢なのですね。だから、今年がすごく恐かったです。ああ、この年齢で母が亡くなったのだと感慨無量です。ボクは同じ年だけど、生きています。ものすごく若くて母は亡くなったのだなと、考えさせられます。母のことが大きかったから、母が亡くなる年齢までしか、イメージがありませんでした。ここからは未知の世界だという感じになって、母が生きてない世界をボクは生きていくのだなという。……」

C〈亡きお母さんと二人三脚でこれから生きていくことになるのですね（笑）。お母さんも経験していないのだから、あなたが成り代わって経験する〉

G「そうですね。大きな生命が休みなさいと言ってくれたときが、たまたま同じ年代の時だったのかと……」

C〈そうですね。なんとも言えない因縁を感じますね〉

G「わりと、何かの時には母が夢に出てくる。ボクの調子がよくないときに出てくる。このままがんばっていたら身体をこわすよ。同じようになっちゃうよと告げてくれているのかなあと思います。私は母が守ってくれていると勝手に思っています」

C〈あなたの守護神ですね。ただし、ちゃんとお母さんの言うことをきかないと、守ってもらえないですよ。あなたを守るためにメッセージを送ってくださっているのだから、あなたがそれに従わなければ、守れないですね〉

次のカウンセリング・セッションへ……

がんばりを自分で調節できない

G「リハビリ出勤はしんどくなったら休めるし、早引きできるところに置いてくれています。それはわかっていますが、行ったからには途中で帰ったらだめだと思います。がんばらないでよいと周囲はいうのだけど、それがわからない。仕事しているのだから、がんばるのは当然。それをがんばらないでよいといわれる」

C〈あなたは無理をしてがんばってしまう。体を壊してまでがんばってしまうじゃないですか。だからあなたががんばりすぎないように止めるのでしょう。あなたががんばる通りにさせていたら、また壊れちゃうでしょう。それが心配だから、周囲が気にかけて外側から調節しているだけで、あなたが自分で調節できるようになったら、周りは何もそういうことを言う必要ないでしょ

う。やめなさいと言わないと、あなたはやめないのだから〉
G「それはわかるのだけど、それが素直にやめられないのです。頭ではわかっている」
C〈でも、その通りに心と体が動いてくれない。どうしてだと思いますか?〉
G「前みたいにがんばれるようになりたい。みんなに迷惑をかけているから」
C〈前みたいにがんばるようになったら、また壊れるのですよ。無理して体を壊すのですよ。
……〉
……沈黙……〈ここはGさんがしばらく自分自身と向き合って、じっと自分の心に耳を傾けている、あるいは自分の心を見つめているのを待っています〉
G「ちょっとでも役に立てないかなと、早く役に立てるようになりたいのです」
C〈人に迷惑かけたり、心配かけたりすることを最小限に留めたい。そういう気持ちからがんばろうとするのですか?〉
G「休むことってなかったから、こんなことで休んでいいのかなとか、熱もないのに休んでいいのかなと思う。なんだか怠けているように思ってしまう。だから、周りも怠けているように思っているのではないかなと気になるのです」
C〈どうしてそんなに人から怠けていると見られると思うのでしょうか? Gさんにとって、〝役に立つ〟とか〝怠ける〟とかいう言葉が、とても気になる言葉のようですね。怠けているように見られることをとても恐れていらっしゃる。どうしてそんなに〝怠けている〟と見られることを恐れるのでしょうか？　世の中には、人からどう見られているかなど気にしないで、平気で自分のペースでやっている人がいますよね。……〉

G「〝いいように見られなくちゃあ〟と思う。がんばっていればよく見られる。それが染みついているんです」

C〈小さいときのことですか。あなたががんばって〝よい子〟をしていないと、お母さんが帰ってこないと言われていた。がんばって役に立っていないと、自分はそこにいてはいけないように感じているのですか？〉

G「そうとは思ってなかったけど、がんばることがいいことだと……」

C〈がんばることがいいことだと、あなたは思いこんでいる。それって、おとなの企みかもしれないとは思いませんか。それって正義の声ですか？〉

G「そうでないかもしれない」

C〈だったら、その声になぜ、そんなに一生懸命応えないといけないのですか？〉

G「……そうしておかないと怒られるのが恐い」

C〈がんばりの背後に、怒られるのが恐いという感情があるのですか。おとなは自分たちの都合のよいように〝よい子〟にさせようとして、都合が悪かったら怒るわけでしょう。おとなの都

がんばっても空しいという気持ちも

合じゃないですか、それは？　もし小さいときにそれが染みこんでいるのだったら、いつまでそれに縛られていないといけないのですか？〉

G「やはり縛られているのでしょうか……がんばるのは当たり前と思っていました」

C〈その〝当たり前〟を、もう一度見つめ直してみませんか？　〝がんばるのが当たり前〟と思いこんでいるその心があなたを苦しめているのではないですか？　もしそうなら、その心から自分を解放しないと、あなたは楽にならないということではないのですか？〉

G「確かにがんばっても、がんばっても、がんばっても結果がでない。〝どこまでがんばったら母は帰ってくるのか？〟とその時感じました。〝こんなにがんばったのに何も残らなかった。なんのためにがんばってきたのだろう？〟そう思いました。でも母が亡くなったら、また〝がんばれ！〟が始まった。〝お母さんがいないのだから、がんばらないといけない〟。また〝がんばって〟いかなくてはいけない。その答えは何だろう？　結果として、出てこない。がんばっても結果が見えるということがなかったから、空《むな》しさが残るという感じで、〝なぜがんばる必要があるのだろう？〟というのはありますね」

C〈片方に、そういう思いもあるのですね〉

G「〝がんばらないといけない〟という思いとともに、〝がんばって何になるのだろう？〟という思いがありながら、〝がんばれ、がんばれ〟……」

C〈そうなると、なぜがんばるのかますますわからなくなりますね。それだとがんばっても半

分しかエネルギー出ないでしょ。片方でブレーキをかけながらがんばっても、フルにエネルギーを使えない〉

G「形だけがんばろうとしていることが多い。そんな気がします。冷静にこっちで、そう見ている自分がいます。とりあえずがんばっている姿を見せておかないといけないという、そういう感じです」

C〈それって心からフルにがんばっているのでないですね。心が分裂しているなかで、とにかく形だけでもがんばっている様子を見せておかなければいけないというのは、とても歪《いびつ》な不自然ながんばりになるでしょう。なぜ形だけでもがんばっているように見せておかなければいけないと思いこんでしまっているのでしょうね?〉

G「どうしても、がんばるのが当たり前というのが、頭から抜けないから。でもがんばっても空しいということもわかっているのに……」

C〈それを聞いたら、とてもGさんが気の毒になりますよ〉

G「だから、できないことをできないと言える人がすごく羨ましい。でもボクはがんばればできるから、がんばるということでやってきた。〝しんどいから今日は帰るね〟と言える人がすごく羨ましいと思っているのに、自分はできない」

C〈そういう自分であり続けたいですか?〉

G「いいえ、そうでないです」

C〈じゃあ、あなた自身が変わるしかない。他人はあなたを変えられないですよ〉
G「素直に〝じゃあ帰る〟と行動に出したい。出せたら楽だなあと思う」
C〈ものすごく簡単なことだ。でもとても難しいこと。今までの自分を手放すということだから。〝がんばり依存症〟という言葉が浮かんできますね。それを手放したら、自分が自分でなくなってしまうという怖さが一番土台にあるのでしょうか?〉
G「がんばれば行けるかもしれないと、ギリギリまで自分のなかで葛藤《かっとう》して、でもギリギリで電話を入れる。今日は行けませんと」
C〈その葛藤に費やしたエネルギーはなんにもならない〉
G「最終的に休むと電話入れるのなら、もっと早くに決めたらいいのにと思うのに、そうできない。その繰り返し」
C〈その繰り返しで、ニッチもサッチもいかなくなって、やはりしんどいですと弱音を吐いて、楽になれた。そしてここにいる〉
G「甘えたいという気持ちはありますが、どうしたらいいのかわからない」
C〈〝お言葉に甘えて先に帰らせていただきます〟が、〝甘える〟ということではないですか?〉
G「一つひとつ考えないといけない。〝がんばらないでいいってどういうことなんや? 甘えるって具体的にどういうことなのか？〟と」
C〈これまでがんばらないこと、甘えることをしたことがないから、体験的にわからないのですね。言葉で知っていても〉
G「がんばったらまたしんどくなるということは頭ではわかっても、具体的な日常生活のなかになると、〝それはどういうことなの？〟とわからなくなります」
C〈〝おまえなんかボクじゃない。おまえなんか邪魔なんだ！〟と無視してきた方の気持ち。そっちの気持ちを大事にしてあげてその通りしてあげるということでないですか？〉
G「がんばる気持ちできたけど、他方でそんなことできっこないという気持ちとか、もうしんどいとか、そういう気持ちは確かにあったと思う。でも、そんなことを言っていたらいけない、がんばるしかないと思ってきました。これが言えたら楽なのにという気持ちがあったことはあった。叫びたいような気持ちはありながら、できなかったです」
C〈叫びたい方の気持ちを抑えつけてきた。それだと余計に、叫びたい気持ちに引きずられないように、反対のがんばる方に向けてがんばらないといけないことになりませんか。だから無理ながんばりになるのではないですか？〉
G「お腹の底からがんばるということではなくて、〝もうしんどい〟というのがありながら、がんばっている感じが多かった。意地になってがんばっているという感じです。だから、がんばっても全然楽しくはない。疲れるだけのがんばりでした」

C〈がんばること自体が悪いことではないのだけど、歪《いびつ》ながんばり方というのが自分のためにもよくない。自分自身のなかで調和がとれないでしょう。意地で自然の気持ちを抑えつけて無理やりがんばるのでなく、心全体でがんばるようなGさんになってほしい〉

日本語の「がんばる」の語源的な意味には、意地を張って頑として動かずに「眼張《がんば》る」。すなわち、見張るというニュアンスがあるそうです。そうであるならば、やはり「がんばる」ことはもともと、「意地を張る」という面と無縁でありえないのかもしれません（天沼香著『「頑張り」の構造』吉川弘文館、一九八七年）。

「眼張る」には、目をつけておく、見張りをする、目を凝らしてみる。頑固に座を占める。一《ひと》所《ところ》にじっと控える……というニュアンスがあります。ここからイメージをするのは、目を見張って見つめていないと、なにか大切なものを見落とす。見落としてまずいことが起こる。そうならないように、そこに尻を落として頑として動かずに、気を抜かないで見張るという感じです。そこには緊迫感と緊張感がつきまといます……。

Gさんは「弱い自分」が出てこないように、いつの間にか「眼張って」自分を見張っていたのでしょうか。カウンセリングの中で、心を緩めて語っているうちに、がんばり屋のGさんが「眼張って」見張っていたときには出てこられなかった気持ちが出てくるようになったようにも思えます。

人間はピンチの事態におかれると、警戒し緊張して何が起こっているのかを注意してみます。まさに「眼張って」じっと見張るのです。そこでどうすればピンチから脱出できるか、被害を受けずに済むかということを考えます。平穏で安心できる環境にいるときには、あらためて「眼張って」周囲を見たり、考えたりしません。もっと自由にふるまっています。人間が「眼張り」、どうすべきかと頭で考えるのは、「非常事態」においてのことが多いでしょう。

Gさんは大切なものを失う危険のある事態や環境に遭遇して、「非常事態」に陥りました。その緊急事態のなかで身も心も警戒態勢に入ったのです。その警戒態勢の頭や心の働きが、「眼張って」周囲を見張り、そこでどう振る舞うべきかを注意して考える「がんばり」屋のGさんをつくったのでしょう。それがこれまでのGさんでした。それが高じて、Gさんは病気になり、症状をだすようにまでに至ったのです。

治療を受け、カウンセリングを受けるようになり、安心できる人間関係のなかでそのことを振り返り、今の状況が当時の状況とは違うことを、頭がまず納得し始めていました。Gさんの状況の見方がいつの間にか修正されていったのです。そこで、Gさんは日常生活の中で知らず知らずのうちに緊張を緩める練習をしていたのだと思います。

C 〈Gさんのいいところは、わからないところをわからないと正直におっしゃることだと思う。うすうす気づきながら抑え込んでいた自分の気持ちと心は納得していないのに、わかったふりして〝そうなんですよね〟という人もいる。とくに医者やカウンセラーの前に出たら〝よい子〟の患者になってしまう人もいる。でもあなたはそういうところがなくて、〝わかりが悪い〟から（笑）。もちろん頭ではわかってらっしゃるよ。でも腹からわからなかったらわからんというふうに正直におっしゃる。腹までわかりたいということでここに来てらっしゃるということ〉

G「自分をどうにかしたい。今の自分をどうにかしたいです」

C〈私はいろいろ追究するような〝問い〟を投げかけますけど、それはあなたが自分と向き合うことを後押しするためですよ〉

G「それで、いろいろ見つめると、〝あれ、こんなことを思っているのか〟ということが自分の言葉で出てくるので、それがとても不思議な感じです。それを先生から聞くのでなくって、自分の言葉からでてくることが不思議です」

C〈その言葉は実にうれしい言葉です。そうなのです。それこそカウンセリングなのです。カウンセラーの私も励まされます〉

G「よく耳を傾けてみたら、自分の奥の方にある気持ちが聞こえてくるというか、そんな感じです」

C〈話しているうちに、よくよく自分の心に向き合って耳を傾けると、聞こえなかった気持ちも聞こえてくるという、そんな感じですか？〉

G「そうですね。先生に問いかけられて、〝どうなのだろう？〟と自分の心と向き合うと、自分では今まで気づいていなかったけど、そういえば、こういう気持ちもあったなというのが、話のなかで感情として出てきたりします」

C〈そういうふうに抑えていた気持ちが実際に蘇《よみがえ》ってきてほしい〉

G「自分でもビックリです。そういう気持ちが実はあったのだと。その時はそんなにまで抵抗を感じてなかったのに、実はそんな気持ちもあったのだ。その時は〝がんばれ、がんばれ〟できていたのだと気づきます」

C〈あなた自身の心のなかで、それは起こっていたことなのですね。その気持ちがサインを出していた。あなたはどこかでそれに気づいていたでしょうか？〉

G「でも、それはたいしたことではないと、出てくるなという感じできたのですね」

C〈しんどいという気持ち、叫びたい気持ち、空しい気持ち、それらの気持ちがあったのだけど、それを大切にしてやらないで蓋《ふた》をしてきた？　それって何かに似ていませんか。教師と子どもの関係に似ていませんか？　子どもがサインを出しているのに、なぜ先生気持ちを受けとめてあげないのですか、と思うことないですか？（G「はい、はい。あります」）〉

G「ああ、似ています！　受けとめてあげれば、それで済むことなのにと。それだけでいいのにと思うことがありますね。たしかに言葉ではわかっているけど、それを心で受けとめきれていない自分がいますね」

C〈もし、あなたが自分自身の体験としてわかれば、同じことを言っても相手への伝わり方が違うと思いますよ。ひょっとしたら、教師や親自身にもそういうことがあるかもしれない。自分の弱さを受けいれられないから、子どもの弱さをも受けいれられない〉

……

次のカウンセリング・セッションへ……

なぜこんな簡単なことができなかったのか

G「この土日、職場の親睦旅行があり、誘われて行きました。途中から自分の体調を一番に考えている自分がいて、以前は相手がどう思うかということを気にしていたけど、その時は自分のことだけを考えて自分のペースでいられたから楽だったです。今までと違うと思いました」

C〈新しい感触をつかんでいますね〉

G「これまではとても葛藤して、それだけでしんどくなっていた。葛藤しないということはなんと楽なことかと思った。なんでもないことじゃないかという感じです」

C〈いま、〝感じ〟とおっしゃいましたね〉

G「そうです。なんだ、こんなことか。頭であれこれ考えて葛藤してしんどくなっていた。自分で自分に言い聞かせることに疲れてしまう。でも自分で決めて、さっとやれば、とても楽に感じます」
C〈素直に、自然にできるようになったということでしょうか〉
G「なんでこんな簡単なことができなかったのかなと。頭で考えていたから、難しくなる」
C〈やってしまえば簡単なのだけど。不思議だねえ〉
G「〝あれー？　こういうことか？〟という感じを受けました。頭で考えよう、考えようとしているところがありますね」
C〈小さな悟りを開いたようなものですよ〉

仕事のことになるとまだ緩められない
G「でも、仕事になるとねえ、やはりまだそこまではなれていない。まだ、リハビリ期間だといわれているのだけど、仕事は仕事だから途中で〝じゃあ帰る〟ということはできなくて、結果的に次の日しんどくて休んでしまった。仕事のときにはまだまだ葛藤がある。みんながんばっているのだから、自分もがんばらないといけないと思う」
C〈とても周りのことを考えてしまう。あなたの場合はそれがとても強い〉
G「周りがよかったら、それで安堵するところがある。だから、周りの人から、貪欲《どんよく》さがないねといわれる」
C〈無欲で他人のためにするというのは、それが自然にではなくて、強迫的になると問題だ。

そこが問題なのではないですか？　がんばってなければダメだと、自分を責めるような自虐的なところがある〉

G「本当はがんばりたくなかったというところがずっとある。自分を追い込んでがんばる」

C〈もう少し、楽しくがんばるのだといいですね〉

G「ああ、たしかに。ボクのは、がんばっていないと、と自分を責めるようながんばりですね」

C〈そこがもう少し、変わってくれれば卒業かな〉

肩の力が抜けてきた

G「最近肩に力が必要以上に入らなくなった感じです。以前は早くの時間から、仕事に備えて、準備態勢を整えるという感じだった。仕事に行くまでの時間の使い方、緊張感が大分違ってきたような感じ。でも仕事になるとやはり〝仕事だ！〟という感じで、何かしてないと落ち着かない。もうちょっと肩の力抜けないのかなと思うのだけど……」

C〈Gさん、いまあなたの話しのなかで、いくつ〝感じ〟という言葉が出てきたと思いますか？〉

G「えっ？〝感じ〟ですか？　いや、気づいてなかったですね。わかりません」

C〈四つ〝感じ〟とおっしゃった〉

G「へえ！　そうですか？　頭で考えることが多かったのに、〝感じ〟と言っていましたか？　早くそうなりたいと思っていました。気持ちのうえでは……」

2 「能力と評価の世界」と「関係と愛の世界」——幕間として

同僚の姿を見て

G「最近学校で感じたことなのですが、それをお話ししたいのですが、いいですか?」

C〈はい。どうぞ、どうぞ。そういうふうに自分から話したくなることを話してくださるとうれしいですよ〉

G「実はこの間、同僚の女の先生が自由に素直に振る舞い、自然にその場に溶け込んで子どもたちと遊んでいる姿をみて、とてもつらい気持ちになったのです。自分にはそういうことができない。そんな自分がとても無能で、情けなく思います。そして、そんなふうに振る舞える先生がうらやましく、妬《ねた》ましかったです」

C〈ああ、そうでしたか。自然に溶け込めない自分を、情けなく無能だと思うのですね。そしてその場に自然に溶け込める同僚の先生がうらやましかったのですね。その気持ちを誰かにお話しになりましたか?〉

G「いいえ、同僚にそんなことを話すと拒否されるのではないかと思ってしまいます。振り返ってみると、自分は家族や友人とも自分の気持ちを素直に話すようなコミュニケーションを持ったことがないように思います。いつもうわべだけのやりとりだったのではないかな……」

C〈そうですか。先生が教えておられる子どもたちとの関係ではどうなのですか?〉

G「子どもとの関係でも、自分が役割として必要とされ、受け入れられているように思う。それに支えられて十何年かやってこられた。でも、いまは〝うつ病〟のせいもあって職場でも役に立っておらず、必要とされていないように思ってしまう。だから余計にしんどい。自分はここに居てもよいという安心感がないのです。何かいつも役割を果たし、役立っていないとそこに居てはいけないように感じています」

C〈それはつらいですね。先生という役割を超えて子どもたちと楽しむようなことはないですか?〉

G「子どもがボクを手こずらせたりしたときは、どうしたらよいのかわからない」

C〈子どもに手こずらされたときには、どんな気持ちになるのですか?〉

G「どんな気持ちになるか?　うーん。イライラしますねえ」

C〈ほかには?〉

G「同僚の女の先生などは自然に対応しているのに、自分にはそれができない。悔しい気持ちになります。教師としてなすべきことがあるだろうに、それができない情けなさがあります。教師の役割として、どう振る舞うのが適切で正しいのかわからない。さらには子どもに自分が避けられているみたいな気持ちになることもあります」

Gさんのつらさは、「自由」に「素直」に振る舞って、「自然」にその場に「溶け込む」ということが苦手だということです。そのことを同僚と対比して、羨《うらや》ましく、妬《ねた》ましく感じています。でも、その気持ちを同僚に話すことはできません。教師として何をしなければならないか、何を期待されているか、それを考えて必要な役割を演じるような行動の仕方はできるのです。そういう点ではとても有能に振る舞うことができます。でも、その場での自然な感情の交流や、素直な気持ちの動きに従った行動は苦手なのです。

教師と生徒という役割関係のなかでは、自分が生徒に必要とされていると思うことができ、その役割関係の中で役に立っている限りは「自分がそこにいてもよい」と安心感をもてるのですが、それを超えた〝裸の人間関係〟では、〝自然に溶け込み〟〝自由に素直に振る舞う〟ことがうまくできません。そのことに教師であるGさんは悩んでおられるのです。

そして、Gさんは同僚の女性教師のようには「できない」自分に対して、悔しく、情けないという否定的な感情を向けます。その感情をカウンセラー以外の誰かに話すことはできません。自分のこれまでを振り返ると、家族や友人にも自分の気持ちを素直に話すようなコミュニケーションを持ったことがないとおっしゃいます。

Gさんは、お互いの気持ちを素直に遠慮しないで話すことができるような他人との関係に、恵まれてこなかったのです。そういう関係を経験していれば自然にできることを、自分には「それができる能力がない」と評価しています。そして、そういう「能力のない自分」を「情けない奴」と否定し責めているのです。

有能な教師がそういう自己否定感をもっていることに、カウンセラーの私は痛ましさと理不尽さを感じます。しかも、Gさんのような方が少なくないだろうなと思いました。どうしてGさんのような発想や感じ方になるのでしょうか。Gさんの生い立ちや早い母親との死別、厳しい父親との関係、さまざまな要素がかかわっているのでしょうが、競争主義と評価のまなざしに縛られた環境がそうさせている面があることを、私は無視できません。いや無視できないどころか、それこそがこの社会の根源的な問題なのではないかと思います。

自分の気持ちを素直に話すコミュニケーションが「できない」のは、Gさんの「能力の問題」ではありませんし、Gさんの「責任」でもありません。それは、個人の持つ能力の問題ではなく、その人がどんな関係性のなかに置かれて生きてきたのかという問題です。もっとはっきりいえば、Gさんが「自分が生きて存在している〝あるがまま〟」を受けいれてもらう「慈愛」に包まれた関係のなかで育ち、生きてこられたのかという問題なのです。

自分の感じたことや思いや気持ちを素直に表現し、それを受けとめてもらい、共有してもらう受容と共感にみちた「愛」に包まれて育てば、誰でも自然に身につくことです。それは、「学力」みたいに自分の努力に頼って身につけられるようなものではありません。

Gさんは教師としての役割にとても高い志を持ち、その役割を果たすことにとても厳格な方です。教師としての仕事に誇りをもち、有能な教師として認められようと努力しました。Gさんにとっては教師として有能であることが、人から認められ、受けいれられることでした。だから、Gさんは教師という役割を着て、子どもや親に向き合う時、有能であり、自信をもってやり取りすることができます。だが、その役割関係からはみ出す部分が出てきたときに、言葉に詰まり、コミュニケーションが滞るのです。カウンセラーとのやり取りのなかで、Gさんはそのことに「ああそうなのか」と気がつきました。

だが教師になって一五年目の先生は、立派に子どもや親と向き合い、てきぱきと教師としてのメッセージを発しているのです。でも役割という衣をまとった役割関係のなかでは、裸と裸の関係ではありません。だから、役割という衣に身を隠して、相手と向き合い、相手とやりとりできます。そこではGさんは安心です。ですが、自分が役割を脱いで裸になったときに、自分が受けいれてもらえるかと自信がなく、不安になるのです。それは、自分が相手の期待に応える「よい子」という役割を演じなくても、役割を脱いだ裸の自分が愛され、受けいれられているという安心を得られる関係性を生きたことがない人の多くが共有する不安であり、自信のなさなのです。

親は、世の中がきびしくなればなるほど、将来、愛するわが子が世の中に出たときに、その厳しい荒波を泳いでいけるように力をつけてやらなければならないと思います。だから、家でも厳しく子どもをしつけないといけないと思いこむのです。Gさんのお父さんもそうでした。そうして、子どもをやさしく共感的に受容することを、厳しさに反することとして押しのけます。その結果、子どもたちは、自分が裸のままに親から受けいれられ、愛されているという手応えや安心を得ることができません。

自分の存在、そのまるごとが受けいれられ愛されているという手応えや安心こそ、荒波に巻き込まれても溺《おぼ》れることなく、自分を浮きあがらせてくれる「浮袋」であるのです。競争の渦中に生きる人々は、親も含めてそのことの大切さに思い至らないのです。人間はベースとなる安心という「浮袋」を身につけてこそ、それを浮力にして自分の腕で波をかき分け、前に向かって泳いでいくことができます。安心を抱けぬ人は、荒波の海に出たときに、不安と恐怖を抱き安心を求めてもがきます。でも、もがけばもがくほど、その人は沈んでいき溺れるのです。前に向かって泳ぐどころではありません。そのことをここでは申しあげておきたいのです。

二つの世界の区別への気づき

自分が同僚の女性教師のように、子どもたちのなかに自然に入ることができないことを、自分にはそういう「能力」が欠けていると思い、自分を「情けない」と責めていたGさんが、あるときに気持ちが楽になったと言います。その時のやり取りを再現すると次のようなことでした。

G「先生（カウンセラー）と話していて、〝能力と評価の世界〟と〝関係と愛の世界〟と区別しないといけないということを教えられました。私の場合は〝能力と評価の世界〟が軸になっていて、〝関係と愛の世界〟がない。〝関係と愛の世界〟の問題を「能力と評価」のモノサシでみてしまっている。二つをごっちゃにして、他人と比較して〝自分ができない、ダメなのだ〟というふうに見てしまっている。それでつらくなっていたということがわかりました。

同僚の女性教師を見ていると、周囲と自然にやり取りしている。自分にはそれができない。そういうことに劣等感を感じていた。人と自然に交わるとか、その場に溶け込むとかいうのは、〝能力と評価の世界〟の問題ではなく、〝関係と愛の世界〟のことなのですね。情緒的な触れ合い、心を開いて交流するという問題なのですよね。

それは何か役割を果たす能力や、どれだけうまく、有能に役割を果たすかという「評価のモノサシ」でみるような世界ではないのですよね。それなのに、その世界のことまで、〝自分にはそうできる能力がない、だからダメなのだ〟と他人と比較して劣等感を感じてしまっていたということがよくわかりました。そのことに気づかされて、ハッとしました。それで、何か目が開いたような解放されたような気持ちになったのです……」

役に立たない自分は存在してはならない？

G「自分の存在そのものが受けいれられて安心するということがないのです。だから、一生懸命にその場で必要とされる役割を果たすことで、自分の存在価値を高めないといけない。どれだけ自分が役に立っているかということを他人と比べて、自分が勝《まさ》っていないといけないという気持ちに駆られていた。それでしんどくなっていたのですね」

C〈そうですね。そういうことを何度もここで話してきた。でも、なかなか気持ちが楽にならなかった。どうして今度は気持ちが楽になったのですか？〉

G「そうですね。先生がいつだったか、〝関係と愛の世界〟のことは〝能力や評価〟のモノサシに馴染まないと言われた。その言葉がとても印象に残っています」

C〈その場に自然に溶け込むというのは、情緒的な世界、心の世界のことでアナログの世界でしょう。〝具合〟〝加減〟〝呼吸〟の世界でしょう。心を開いてやり取りする経験のなかで自然に身についていくようなものですよ。〝できる〟か〝できない〟かの〝一か〇〟のデジタルの世界ではないですよ。あなたがその世界に開かれてきたときに、〝感じ〟という言葉が増えたのだと思いますよ〉

G「その自然に身についていくものを、自分は持っていない。他人よりもそれが劣っているというふうに、そこでも他人と自分を比べて劣等感を持っていた。そんなもの比べるような問題ではないのに……」

C〈そうでしたね。他人は知識も経験も自分よりもはるかに先を行っている。その遥か後ろを自分は追いかけている。そういう劣等感や焦りを感じておられたね。同じ受けとめ方ですね〉

G「〝関係や愛の世界〟の問題をも、〝能力や評価〟を比べるような見方で見てしまっていました」

C〈そうですね。〝能力や評価のモノサシ〟というのは、自分がそこでどれだけ必要な仕事を〝有能に〟こなして、どれだけ〝役に立つか〟ということです。でも友人や恋人や家族との関係というのは〝役立つ〟とか〝役立たない〟という世界ではない。一緒にいて〝うれしい〟とか〝楽しい〟とか、そういう世界でしょ。つまり〝能力の世界〟ではなく、〝気持ちの世界〟〝心の世界〟〝関係の世界〟です〉

G「ボクにはそういう世界はあまり経験したことがない世界。だから、本当にそういう世界があるのかどうかさえわからないのです。自分にとっての自分が生きている世界は、いつもなにか役に立って必要とされる存在でなければ、存在してはならないという世界です。だから、役に立って必要とされない自分というのは、存在してはならないわけで、役に立たない自分というのは、とても申し訳ない存在なのです。いつも申し訳が立たないといけなかったのです」

C〈そうすると、〝役に立たない〟自分は申し訳ないから、いつも〝すみません〟〝すみません〟ここに居させていただいていいでしょうかという感じで、ビクビクしながら、そこに居ないといけないことになりますね〉

G「そうなのです。反面、有能で他の人よりも優れ、役立つ自分であれば、〝どうだ！　オレはこんなに役に立つ存在だぞ。何か文句あるか！〟という感じで、存在することになる。中間がないのです。両極端のあり方しかできない」

C〈自然に、なんの申し訳もなく、言い訳もなく、そこにいてもいいというあり方ができない。それができるのが〝愛と関係性の世界〟。そこに〝役に立ち〟〝必要とされる〟からいるのではない。自分がそこにいることを、誰かに〝あなたと一緒にいたい〟と歓迎されているからいる世界ですよ〉

G「これを言うのはとても怖いのですけど、〝役に立たない自分〟〝必要とされない自分〟であると思うととてもつらくなる。だから病気になって、病気のせいで役に立てないのだという言い訳にしているのではないかと、心配になることがあるのです」

C〈役に立てない自分、必要とされない自分だと感じることがつらいから、病気になって、病気を理由にして、役に立てなくても仕方がないのだと、言い訳にしているのではないかと思うということですね〉

G「そうです。自分でも変だと思うのですが……小さい頃のことを思い出すと、嫌なことを〝嫌だ〟とよう言わなかったです。だから、いつも嫌なことから逃げたい時は、病気になるとか、しんどくなるとか、なにか止むをえないことがなければならなかったんです」

C〈Gさん、あなたは嫌なことから逃げるためには、それを正当化する大義名分、〝申し訳〟が必要だったのですね。それは、あなたが生きてきた世界が、〝嫌だ〟と言えずに、いつもがんばらないといけない、そういう世界だったからでしょう。〝嫌だ〟と言えずに無理をして他人の期待に応えてきたから病気になったのではないですか。

だとすれば、あなたの病気は、〝嫌だ〟と言えずに無理をしてきたあなたの心身からの〝もう嫌だ〟という訴えではないですか。あなたが、嫌だといえずに無理をしてがんばるのではなく、自分の気持ちに正直に〝嫌なことは嫌だ〟と言える世界で生きていれば、なにも病気になって逃げる大義名分や申し訳などいらなかったでしょう〉

G「そうですね。本当はそうですよね。自分がいる世界の方がいびつなのですよね。そんな世界に自分を閉じこめる必要はないですね」

C〈それは、そうでしょう〉

G「わかりました。気持ちがすっきりしました」

愛されないことでさみしく、悲しいのに、その気持ちを偽り、〝そんな女々《めめ》しいことでどうする！　がんばって有能になり、みんなの役に立つ存在になって必要とされなければならないのだ。必要とされれば、さみしくも、悲しくもないではないか〟――そういうふうに自分を叱咤激励《しったげきれい》して生きる。自分の本心、本当の気持ちを偽り、自分を裏切り、自分に嘘《うそ》をついて生きる。もしそんな人間が増え続ける世界があるとすれば、そういう世界は狂っています。

そんな世界では、自分に嘘をつき、自分を痛めつけないと生きられません。がんばらない人間、弱音を吐く人間、悲しいことを悲しいという人間、つらいことをつらいという人間は自分に正直なだけなのに、〝がんばらなければならない〟と〝自分を殺してがんばるような生き方〟しか知らない人間が、自分の内面の真実を正直に表現する人間を〝情けない、弱い人間〟として差別し、蔑《さげす》み、否定するのです。そんな世界は本末転倒で狂っています。

小さい時からいつも比較され、競争、競争で脅され駆り立てられ、まるごとの自分を受けいれられ、愛されなかった人間は、その底知れぬ悲しさや、寂しさやつらさを、競争に勝つためにがんばりぬくことで忘れようとします。鎧《よろい》を着て戦わなければならない戦場のような世界で、有能な戦士になって戦うことによって、自分の心を麻痺《まひ》させ、その悲しさ、寂しさ、つらさを感じないように生きるのです。

そうして、いつの間にか自分自身もそういう狂った世界の実現と存続を支えるのです。自分を愛することができない人間は、他人を愛することもできません。そういう世界からの解放は、慈愛と共感の人間関係のなかに身を置くことによってこそ、本当に可能になるのではないでしょうか。Gさんとのカウンセリングのなかで、一層そのことを確信させてもらえました。

3　行きつ戻りつしながら卒業へ――カウンセリング後編

G「肩の力を少し抜けるようになりました。でも〝まだそれだけ〟のことでしかない。そこが最終目標でないという感じだから、そんなに喜ぶことかなあという感じです。うれしいけど、でもこんなところで喜んでいる間はないという感じ。ではどこを目指しているのだろうと思ったりします」

C〈〝あなたそんなに急いでどこへ行くの？〟と言いたくなる〉

G「走っていないと不安、走っていると安心。なんでこんなに走っているのかと思うことがあります。もう少し余裕を持てるようになりたいと、次を求めているのかもしれません。自分のやったことに対してうれしさはあるけど、ヤッターとうれしがるということはあまりしてこなかった。〝ここはできて当たり前〟という感じでやってきたんです」

C〈それだったら、人生の喜びがないでしょ。ハツカネズミと一緒じゃない。とにかく走っている〉

G「ボクが少し楽になったことを、周りの人はすごく喜んでくれます。でもみんな当たり前にやっていることを、ただできるようになっただけだから……」

C〈でも前よりも柔らかさがでてきた。私にあたえる印象が変わってきた。生身の肉の感じがしてきたように感じます〉

頑迷で騙されやすい頭

G「頭ではわかっているのだけど、こうしたいと思っているのに、そうならないんです。言葉はわかっているけど、その言葉通りに行動するとかができない。どうしたらいいかと悩みます。ストレートに行動に移すとか、気持ちを出すとかいうことが苦手で、どうしても〝こういう行動していいのかな〟とか、〝こういう気持ちを表していいのか〟と考えてから……」

C〈小さいときのあなたの素質は封じ込められてきましたからね。頭で考えて、動いてきたから自然のままに動いていない。でも今は、だんだん昔の自分が蘇《よみがえ》ってきて、動きはじめているような感じがするのに、頭がそれについていっていないのでは？〉

G「そういえば、気がついたら、楽になっているぞという感じですね」

C〈やはりあなた自身の本性は、もっと伸びやかに自分を表現するというもので、封じ込められていた本性が出てきただけなのに、まだ頭の方は〝自分ががんばっていないといけない〟ということででしゃばっている。頭の不安で、自分ががんばっていないとえらいことになると考えてやっている。頭はほんまに騙《だま》されやすいんです。そのくせ頑固で〉

G「もっとこんなふうに気持ちを表現したいのに、と思っているのに、そうできないことでしんどくなっていました。先生と話すようになってから、自分が〝ああそうなんや〟と思うことがたくさんあります。〝こうしてもいいのだな〟とか、〝こんな自分でもいいのだな〟と日常のなかでは、それをすることで自分が楽に感じているんです」

C〈自分を素直に受けいれられるようになっているんですね。その受けいれているのはハートなのですよ〉

G「そう、頭ではないんですよね。頭がついていってないのは？」

C〈頭を緩めてあげればいい。これまでよくがんばってもらえたけど、もう大丈夫だから、そんなにがんばってもらわなくてもいいよと頭にいってやる。身体と心は緩んできているのに、頭はまだ緊張している。頭ががんばって警戒しているんです〉

G「周りの人の方がこんなことができるようになったと言ってくれる。それで、〝そういえば……〟と自分が気づく。そういえばボクはこれまでそういうことできなかったなあと驚きます（笑）。おもしろいですね。でも仕事の時間に入ったら、仕事は仕事だから緊張するのは当たり前と思っています。何に緊張しているのかわからないけど、極度に緊張して、いい緊張感でなく妙な緊張感がある。まだ気にかかります」

C〈はい、それはまた今度にしましょう。今日はこれで充分（笑）〉

次のカウンセリング・セッションへ……

仕事が評価される場から離れると

G「ときどき日曜日とかに学校で行事があります。この間の日曜日、他の先生は取り組みの仕事がある。でもボクは休んでいます。そういうとき、今までだったら、自分の用事をするのが悪いみたいな気がしました。でもこの間は、そんなことを感じずに散髪に行ったし、別にそれを悪いことだと思う感じがなかった。なぜかわからないんですけど……。

でも職場に行くと、やはり、自分をつくらないといけない感じになる。前の自分ががんばりすぎてしんどくなったことはよく知っているけど、でも前のようにがんばらないといけないような気になるんです。前の自分の仕事量に近い仕事をしないといけない気になります。周りの人はもっと楽にしたらいいというのだけど、楽にするってどうしたらいいのだろうと思う」

C〈ほう、〝前の自分〟と言っていますね。半分呪文が解けてきている感じ〉

G「自分でもこだわらなくなったなあと思います」

C〈ある空間にいるときは自分のやりたいようにできる。いつの間にかね。努力してそうなったわけではないでしょう?〉

G「前は言い聞かせて、そうしていました。でもしていて楽しくなかったですね。それがいまは、言い聞かせなくても、自然にそうできる」
C〈心が自由にそのまんまできている感じですね。以前は頭が言い聞かせないといけなかった〉
G「〝そんなことを考えなくてもいい〟と言い聞かせることに疲れるぐらいだった」
C〈でも職場に行くと〝仕事量〟などと、まるでノルマを達成しないといけないみたいにがんばってしまう自分がいるということが残された問題ですね〉
G「〝みんなが思っているボクでいなければならない〟という感じです。しっかり者のGさん、よくできるGさんでいなければならない。そうなるためには、また無理をしなければならない。でもみんなはがんばらなくてもいいと言うし……」
C〈職場という、仕事が評価される場面から離れたら、素直に自分を出せるようになってきているんですよ。でも職場には他人のまなざし、とりわけ期待や評価のまなざしが光っているんですね〉
G「みんながどんなふうに思っているのかなということがすごく不安で、だから、一生懸命やらなくてはということになるんです」
居場所を確保するための「がんばり」
C〈他人の目に縛られてがんばるのではなく、おもしろいから、うれしいからがんばるとか、

ときめき、充実を感じるからがんばるというがんばり方があるでしょう〉
G「子どもと接しているときはだんだんうれしくなってきています。子どもと接している時は〝ねばならない〟という感じを忘れていることが増えてきています。そこを離れるとボーっとしていることがつらい。〝何かしていないと〟という感じになります」
C〈その習性はどこで身に付けたのですか？　あなたの話のなかで明らかでしょう？〉
G「子ども時代、預けられているとき、ちゃんとしなければ何か言われる。〝何もしないで……〟といわれるのが恐かった。自分の行動をどうしたら何も言われずに済むのかと……」
C〈Gさんは、どうしたら○をもらえて、どうしたら×をつけられるかということで動いていた。焼き付けられた。それがいまだに続いているんですよ、少なくとも職場では〉
G「何もやっていないのも不安だし、何かをやってみんなの迷惑になるのも不安。そうしても自分の居場所を確保しないと、自分の居場所がないような気がしていました。子どもの頃家に帰れて、両親がそろっているところではそうではなかったと思います」
C〈マイホーム、お家では安心しておれた。必要とされることをしなくても……職場ではそうでない。これまでは家でも職場が入り込んできていた〉
G「そう。カレンダーがあって、そこに職場のスケジュールが書いてあるんです。〝今日はこれをやっている〟〝これをやっている〟といつも考えていました」
C〈職場が家にまで侵略していたんですね。でもいまはガードできるようになった。すごい進

歩ではないですか〉
G「（笑）自然に動いている自分がいる。それがすごく不思議です」
C〈不思議だけでなく、感動でしょ〉
G「頭で指令を出さないとできなかったことが、自然にできている。不思議。あれだけ頭で指令を出さないとできなかったことが、そうしないと動けない自分が情けなかった。なのに、いまはそれがスッとできています。なぜそれがスッとできなかったのかわからなくて」
C〈不思議だねえ。なぜそこからスッと抜けちゃったのか〉
G「そう、それがわからないんです。いつの間にかそうなっていました。悩む時間が減っています。そうしたらそれは楽なことだとわかりました。しんどい思いを三時間も、四時間もしなくていい。なぜ、今までこんなしんどい思いをしていたのか……」
C〈笑えてきますね。バカみたいと〉
G「そうそう！　本当に笑えてきます（笑）。どうしてこんな簡単なことが難しかったのだろう？　でもそこがわからない。なにか扉を開けて入った覚えもないのに、不思議な感じです」

次のカウンセリング・セッションへ……

前より楽になったけれど

G「以前だったら、今日はちょっと調子がよくないと思っても、もしかしたらよくなるかもしれないと思って、ギリギリまで電話を入れるのを待つ。葛藤の時間がすごくしんどかったんです。それが午前中に電話を入れる方が楽だとわかり、余計なことを考えるしんどさがなくなったなあと気づきました。この間から早目に電話連絡できるようになってきました」

C〈なかなかできなかったことがいつの間にかできるようになっている。何なのでしょうね？　なぜがんばって行こうとしたのか？　そのわけは何だったのですか。ギリギリまで電話をしないでがんばるのはなぜだったのか……〉

G「早く時間を増やしたい。みんなと同じように働きたい。休むという電話をすると、心配されるのが心配でした。それがあっさりと〝わかったよ〟と反応されて、なぁんだと思ったんです。自分の方の勝手な思い過ごしですね」

C〈頭のなかでいろいろ思って、警戒態勢をとるわけだ。でもそれは現実とはちがう。前の例でいえば、ただのロープを蛇《へび》と間違って恐れていたんですね〉

G「いろんな場面を想定します。〝できるよ〟と言ってがんばる方が簡単だった。〝できない〟

ということが、言いづらいんです」

C〈状況を言いづらいと判断していた。頭がそういうふうに言っているんですね。気持ちの通り動けなかった。頭のなかでいろいろ考えて電話もかけられなかった。でも、電話してみると、〝あれっ？ 頭で考えていたことと違うじゃない〟と気づいた〉

G「頭でばっかり」

C〈だから、〝頭の規制緩和〟をしなさい〉

G「考えてしまうんですね」

次のカウンセリング・セッションへ……

二通りの自分の間で揺れていた

G「しばらく四国の郷里に帰っていました。二通りの自分がいて、揺れていました。親戚の人たちが来ていると、目一杯神経をとぎすませているんです。それに違和を感じていました。頭が目一杯動いていた五日間。頭で考えてしまうことがすごく多かった」

C〈自転車に乗るときがそうでしょう。はじめはいちいち頭でこうだったかなと考えて乗る。でもそのうち体が覚えてしまって、いちいち意識しなくても自然に乗れるようになる〉

G「一つ一つのことを意識しながら生活していたように感じます。父が料理してくれたり、いろいろやってくれたりする。これまでそういうふうにしてくれたことがあまりなかったから。どういう自分でいようかと戸惑いました。でもこれまでのような自分はしんどい。よくわからないけれど、なんか違うなあと感じたりしていました」

C〈二人の自分が体のなかに同居しているような感じでしょう。しばらく味わってください。お父さんの立場にたてば、息子にやってあげられるのが嬉しいのだよ〉

G「ボクの立場に立てば、自分がやってあげていたこと。それをしないで父に任せていると、甘えている、怠けているような気がしてしょうがない。悪いなあという思いがつきまとうんです。でもやってもらうとすごく嬉しい」

C〈そういう喜びを味わうと、人生が豊かになるでしょう。お父さんにも、あなたにやってあげる喜びを与えてあげればいい〉

G「小さい頃から父にいろいろやってもらうことがなかったから、なにかくすぐったい感じがします。それでも甘えたいという気持ちがどこかにあるのですが」

C〈それを生かさないように殺してきたんですね。無視してきた。甘えたいという方の心を無視してきたんです。あったのだけど無視してきた。せっかく両面あるのに、片面だけ生かされているというのはもったいないでしょう〉

G「甘えられる側でやってきて、甘える側にはならなかったから。父の前でも〝よい子〟で反抗期もなかった。気持ちのなかではあっても、行動のなかではなかった。困らせるようなことはしたことがないんです。でもいまは、父に対して〝いや〟と言っていることに驚いています。〝しんどいから放っておいて〟とか〝違う〟と言えた。そういうことができるようになってきている。これまでは反抗するような自分は全部閉じこめてきていました」

「家族」という「居場所」を守るためのたたかい

C〈思春期だったら、逆に非行に走ってだんだん落ち着いてくるというパターンになるのかもしれませんね。優等生がすごくツッパリだして、年齢がいけばそれなりに気がついて落ち着いていく。あなたは非行に走ろうと思ったことはないですか？〉

G「あります。こんなの嫌だというときがあった。でも弟を抱えて、そんなことをしたら、母や父のことを悪く言われる怖れがある。親がああだからとか、母親が早く死ぬとああなるとかいわれる。その方がつらかったし、今までがんばってきたものが、そのことで壊れてしまうと、何だったのかということになるので、それが歯止めになっていたのだと思います。

でも、投げ出した方がスゴイ楽じゃないかと思ったことがあります。周りの人の方が、もしかしたら、荒れるのではないかと気を遣っていたような感じもありました。ボクはそれを知っていたから、ここで荒れたら筋書き通りになり、〝それ見たことか〟ということになる。それが嫌だった。筋書き通りでない方を選んだ方がいいと思っていました。片親の家庭の子どもはこうだという前提があったので、それが嫌だったし、それを崩したかったんです」

C〈そういう世間の見方に反発してがんばってきた。違うタイプの子どももいるね。〝そう見るのだったら、そんなふうになってやる！〟という子もいる〉

G「そう思った時期もあります。そうした方が楽かなと。同じことをしても、やはり、いわれるのが〝親が片親だから〟とか、それだけのことで扱いが違う。そうすると、自分がやったこと、自分の責任でやっていることを、全部親のせいにされたりする。それがすごく悔しくて……。ボク自身のことを言われるのはいいけど、ボクを飛び越えて親のことを言われる。だから、成績だけでもきちんととろう。学校で『よい子』でいようと思っていた」

C〈ああ、やはり、そういうあなたの物語もあったのですね。よくわかります〉

次のカウンセリング・セッションへ……

「がんばれ！　がんばれ！」という方の声になぜ耳を傾ける？

G「もうがんばることをやめたいというのと、がんばらねばならないというのと、両方自分が思っていることなのに、実際にはどうしたらいいのと悩んでいる」

C〈あなたは自分の甘えや弱みを出すことを押し殺してがんばってきて、それでしんどくなっているのでしょ（G「はい」）。〝がんばれ、がんばれ〟の方の声ばかり聞いてきた。それでしんどくなった。だから、そうじゃない自分をこれからつくっていかないといけないということになったのでないの（G「そう」）。で、いまだにその〝がんばれ〟の声が出てきて、あなたはその声を無視できないで、それで葛藤しているのでしょ？　そういうこと？〉

G「はい。今の肩の力を抜いた状態のままでいいや、という気持ちがあって、そうしたらきっと楽なんだろうと思うこともあります。でもその〝がんばれ〟が出てきたらそれが無視できないみたいな感じになるのです」

C〈それはあなたの腹の据え方が弱い。本当によくなりたいのなら、がんばる方について行ったらよくならないでしょう（G「うーん……」）。そうじゃないですか。よくなりたいのに無理したらよくならないですよね。だのに、なぜ〝がんばれ、がんばれ〟という声に耳を傾けて、それを聞こうとするのですか？　よくなりたいのに、なぜそっちの方に耳を傾けるの？　本当はよくなりたくないの？〉

G「よくなりたいですよ！」

「発破をかける方の声」の「よい子」に

C〈〝がんばれ、がんばれ！〟と発破をかける声の〝よい子〟でいたいのでしょう（G「うーん」）。〝がんばれ、がんばれ〟という暴君がいる。がんばらないような奴は、〝悪い子〟で〝そんな奴は見捨てるぞ〟と脅す力を持った奴の声がある。その声に従っていたら、自分が一面的になってバランスを崩してしんどくなる。そのことはこれまでに証明されています。自分全体にとってよくないこと、幸せにならないことだ、その声に従うことは。それがわかっているのに、まだその声に脅えたりしているのは、その声の主に〝よい子〟になって頭をなでられたいということですか？〉

G「ええ？　誰に対して〝よい子〟になるんですか？」

C〈小学一年生の幼いあなたに〝周りに迷惑かけないように、ちゃんとしなさい。そうでないとこの場所にいることはできませんよ〟と脅しをかけて、あなたを〝よい子〟にさせようとした、周囲の力の強いおとなたち。その人たちの声があなたの心のなかに刷り込まれて〝がんばれ、がんばれ〟という自分をつくっているんじゃないの？　その自分はそういう外側からの声の〝トロイの木馬〟だ。〝敵の出張所〟みたいなもの。力の強いおとなたちが、あなたに〝よい子〟にしてなさい、そしたらもっとよくなるよと（G「はいはい」）入れ智恵したのだよ。そのメッセージであなたは一生懸命がんばってきたのではないですか？〉

G「それが自分だと思ってずっとやってきたんです」

C〈そう思いこまされていた。〝がんばりなさい〟という声が幼い子どもの心のなかに、テープレコーダーに吹き込まれるみたいに吹き込まれた。そのテープレコーダーがいまだに回り続けているんです。〝がんばりなさい、がんばりなさい〟と、その声にあなたはいまだに支配されている。

そりゃあ、小学一年生のあなたにとっては、大切なお母さんの運命が、あなたが〝よい子〟であるかどうかにかかっているのだから、あなたが〝がんばるよい子〟になっても当たり前だ。それはあなたのお母さんに対する愛の深さだ（G「うん」）。
でもそれに従ってがんばりつづけたら、バランスを崩して今回のようになったのではないの？（G「うん」）そこからあなたが治っていくためには、そういう声に耳を傾けるのではなく、その声を無視しないといけない。そりゃあ、がんばりたいときにがんばるのはいいよ。でも強迫的にがんばるのはおかしいよ。そういうことはここでも何度も話してきたじゃないですか（G「話してきています」）。その声にまたふらふらついて行ったらしんどくなるって気がついているじゃない！何でまたその声に影響受けないといけないの〉
G「受けたくないですよ！」
C〈いやあ、それはわからん。〝よくなりたい〟が本心の思いなら、その本心の思いに忠実に行動すればいいじゃない。それは自分に正直に行動するということではないの。しんどかったらしんどいで、それに従うことじゃない。がんばれ、がんばれとがなり立てる声に耳を傾けないということでしょうが〉
G「うん……」
C〈それに耳を傾けて焦ったら、しんどくなるということに気がついているじゃない〉
G「……わかっているのに」
C〈気がついているのに、そうしないというのは、ほんまにわかってないのか!? そうか、と

んでもない〝お人好し〟なんだ〉
G「（笑）〝お人好し〟なんですか？」
C〈よほどお人好しでだまされやすい人だということだ。〝よい子〟にしていたらご褒美あげますと飴玉だされたら、ほいほいとついて行ってしまう。〝それは甘えている、怠けている〟と大きな声でがなり立てられたら、すぐに怯《おび》えてついていってしまう〉
G「うーん」
C〈どっちが悪いって、飴玉だされ、脅かされてついていくあなたも悪いんだよ（G「うん」）。そこのところは自分ががんばらないと、他人が代わってがんばってくれませんよ。私がなんぼこんなに言っても、あなたががんばらなかったらどうしようもない〉
G「うん……」
C〈わかりますよ。ずっとその声で生きてきたのだから、しみ込んでいるのはよくわかる。簡単にはその声から自由になれないということはわかるよ。それはわかりますよ。でも、その声が聞こえるということと、それにガッチリ支配されることとは全然違う。〝ああ、また言っているわ〟と聞き流すことができるはず。その声はしみ込んでいるから、すぐには消え去らない。テープが回り続けているのはわかる。でもそれに影響うけて支配されることはないでしょう。もういいかげん！〉
G「うん……」

C〈こっちは〝しんどかったら休んだらいいよ〟と言っている。あっちは〝甘えている、怠けている〟と言っている。その間でなぜ〝右往左往〟しないといけないの!? あっちは小さいときからしみ込んでいる声だから、また言っているわと。でもあいつはボクをしんどくさせた声だから、あいつの言うことは聞かんとこと、主体性をもって選べるじゃないの。あなたは子どもじゃない。立派なおとなであり、教師なのだから。それはあなたの責任だ。子どもだったら脅かされて支配されてもしょうがないけど。でもあなたはいまおとなだよ。教師なのだよ。ちゃんと事態を冷静に、客観的に眺める力を持っているはずでしょう。何が正しいかと判断する力を持っているはずですよ〉

G「うん。判断を間違ってしんどくなって、やはり休めばよかったなと後になって思うこともあったし、こんなになるのだったら、最初から悩まないで今日はやめておきますと、断ればよかったのにとか、間違った方を選んでいるから、後になってからしんどくなって、同じことを繰り返しているということもわかっています……。わかってないからですかねえ?」

C〈さんざん経験しているじゃない、間違いだったということを。なのに、なぜそっちの方の声に耳傾けるの!? それは小さいときからしみ込んでいるからということだけでは説明できないよ。言い訳にならないですよ〉

G「……」

C〈思春期の男の子がふらふらと何度も間違いを繰り返し、悪い男の方にいってしまうのを見

たら教師のあなたはどう言いますか？〉
G「しっかりしなさいと……」
C〈〝自分で自分を大事にする気があるのか？〟と、〝ほんとによくなりたいという気持ちがあるの？〟と言いたくなるでしょ。〝悪い男に頭なでなでされる方が、好きなんじゃないの？〟と言いたくなるじゃない？　たぶん。同じことじゃない。〝いい加減にしなさいよ。あんた勝手にしなさいよ〟と言われるよ〉
G「……うん」
C〈それともいま私が言っていることがなにかずれていますか？〉
G「選ぶまでにすごい時間がかかるとか……正しい方をとったとしても、ずっと別の方が気にかかっているんです。しんどくならない方をとっても、ずっと気持ちのなかにそれが残っているんです。身体は休んで楽になっていても、そっちの方の気持ちが残っている。こっちの方を選んで、身体も楽だし、気持ちも楽だから、こっちを選んでよかったと思うけれど、でもどこかでなにか重いものが残っている」
C〈よくわかります。やはり、頭に吹き込まれた〝がんばれ〟という言葉にしばられている。それはしみ込んでいるから、それはしょうがない。でも繰り返しますよ。そういう声・言葉が聞こえるのはしょうがない。でもその声・言葉を気にして、ふらふらする必要はないではないですかと言っている。聞き流したらよいのです。そのことを気にすることはない。そういう態度があ

り得るでしょ。〝そういう態度がとれませんか？〟ということですよ〉
G「全部聞き取ってしまう」
C〈それはあなたの選択でしょう。その態度の選択ができないのですか？　聞き流す方の態度を選択したらいいのでしょ。それをいちいちあなたは聞き取ってしまっているじゃあないですか〉

聞こえても聞き流す

G「自分でも聞き流せたらいいのにと思っている。はずせたらいいのにと思うのですよ！」
C〈ほんまに思っているの!?〉
G「思っています！　聞こえなければいいのにと！」
C〈違うよ！　声は聞こえるのだよ。テープが回っているのだから、聞こえなくなるのではないよ。聞き流すんだよ！〉
G「ああ。聞こえてくるのは聞こえてくる？」
C〈そうですよ！　うるさい親が何か同じことを何度も言う。それをいちいち〝甘えているのか〟〝怠けているのかな〟といちいち気にして影響受けるのと、〝また言っている〟と無視するのと全然違うじゃない。声はやまないの。だから聞こえてくるの。でも耳を傾けないで無視するだけですよ！〉

G「ああ、ボクは自分のなかで、聞こえてこなくなるのを待っていた気がする」
C〈それはいずれ聞こえてこなくなるかもしれんけど、まだ聞こえているんですよ〉
G「〝いつまでこれが聞こえてくるのか？〟と思っていました」
C〈それはまだ早い。いまは、聞こえてくるけど、それにとらわれなくなること。聞き流すってことです。聞こえなくなることをすごく期待して、それにとらわれていたら、聞こえてきたらそりゃあとらわれてしまう（G「うんうん」）。そうではないんです。その声はまだしばらく聞こえるでしょう。それぐらいしみ込んでいるのだから。聞こえなくなるのではなくて、聞こえてもそれに耳を貸さないということだよ〉
G「うん。……なんかすぐにでも聞こえなくなってくれると期待していました」
C〈ああ、なるほどそういうことか！〉
いきなり聞こえなくなるものだと
G「だから、聞こえてくるとすごく不安だし、〝え！　何で聞こえてくるのか〟と、〝まだこんなふうに思わないといけないのか〟と、そっちにひっぱられていました」
C〈なるほど、なるほど、うんわかった〉
G「聞きたくないし、聞こえてこないでほしいって。〝聞こえなくなるのはいつなのか？〟と思っていました」

C〈で、聞こえてくると、まだあかんわと思ってしまって脅かされる。それはよくわかる。そうとは違うようにするんです。聞こえてきても無視する〉

G「確かな方の判断に従うんですね。聞こえてくるのは聞こえてくるので仕方のないこと?」

C〈そう、うるさい親みたいなもの。それをいちいち気にしないで、〝また言っているわ〟ですませてしまう。それで効果なかったらいずれ消去される。その声はボタン一つで削除はされないの。何か影響受けるようなそぶりをみせたら、そりゃあ効果があるということで声を出しつづける〉

G「ああ(笑)、うん、ああ、そうか! 自分でもわかった。何を期待していたか、よい方しか出てこないというふうに思っていたから……。うん」

C〈そうだね。今の話を聞いていると、それがGさんの癖やなぁ。オール・オア・ナッシング。すぐにきれいさっぱり真っ青に晴れてしまうということを期待している〉

G「なんか、はっきり、右か左かと描いてしまうんです。すぐにそうはならないのに、すぐにそうはならない事態が出てくるともう、どうしたらいいのかわからない」

C〈曖昧《あいまい》さに耐えられないんだね〉

G「ああ、そうかもしれません。なんか、グレーゾーンにいるのがとても不安」

C〈それもあなたの癖で、グレーゾーンにいることに耐えられるようになっていく、脅かされないようになっていくこともあなたの課題〉

G「うん。それはすごくよくわかります。白なら白の居場所、黒なら黒の居場所にいた方が安心」

C〈それがGさんなのだと、ものすごくよくわかりました、今日〉

G「ボクもすごくよくわかりました。ボクにはそれがあったのだと。自分の身の置き所をそうやって区別しているとか、自分の求めているものが、期待したものがすぐに出ないとダメみたいなところがある。でも、今はそうでないのだということが。先生と話している間に、今はまだグレーのところにいるし、自分でそれを選ばなかったらあかんという状況でしかないということがよくわかりました」

早く白黒つけすぎる

C〈それはよかった。そうですよ。映画のフェードイン、フェードアウトというのがあるでしょ、あの部分。あの感じですよ。だんだんと影が薄くなっていくと、あんな感じで思ってもらったらいい〉

G「今日終わったらもう明日元気になるとか、なんかそういう描き方がすごく強いんですね」

C〈そうですね。明日になったら、〝がんばれ〟がもう聞こえなくなるというふうに思いこんでいる。だから、まだ聞こえることになると、まだアカンと、それにすごく脅かされる〉

G「まだよくなってないと思ってしまう」

C〈そういうことだ〉

G「なんかちょっとわかりました。そんなに追い込んで考えることではないんですね」

C〈そういう形で何か守ってきたものがあるのでしょうね〉

G「はい、どっちかに早く決めないと、自分が負けてしまうとか、しばらくの間はぼやかしておいたらいいということが許されなかった」

C〈〝敵味方〟をはっきりさせないと守れない〉

G「ああ、そうです。〝あなたは敵〟と思ったらその構えでいく。〝ここは守るところ〟と思ったらそうしないと、うやむやでは守れない」

C〈白黒はっきりつけないと生きてこられなかったところもあったのでしょう〉

G「職場では〝ほどほどでいいよ〟とか、どっちかというと〝ふわーっ〟とした感じの言葉でくるんでくれるのはわかるのだけど、それが耐えられない。なんでみんなこんな曖昧な感じで包むのか、はっきりさせたいのにというところが、言われればありますね。そのことに今回すごくよく気づかせていただきました」

C〈ふわーっと包む感じというのは、あなたにとっては曖昧なのだね〉

G「そうですね。あまりにも早く白黒つけすぎるとよく言われます。〝もう少し曖昧な時間をとってもいいのでない？〟と」

C〈それがよくわかってよかったですね〉

G「そういえばそういう自分がいるなということがよくわかりました。よくなるのは、聞こえなくなるということだと思っているところがあって、聞こえてくるとまだよくなってないということで、それにまた反応してしまう自分がいます。そういう自分にいらだちを感じてしまう。白黒はっきりつけているはずなのに黒の方の重さがかかってくることにいらだつんです」

C〈そうなのですね。私もあなたのわかりが悪く、なぜわからんのかと思いましたから（笑）。物事には、フェードイン、フェードアウトの移行期があるということですよ〉

G「そうです、ボクには移行期がない（笑）」

C〈地図上の国境みたいに線が引かれている〉

G「一歩入ったら別の国、というように。フェードアウトしながら生きている人は、逆にいえばうらやましい。それができればもっと楽なのにというふうにも思います」

C〈そういうふうにだんだんとなっていくということですよ〉

G「今自分が何におびえているのか、不安になっているのかがよくわかった」

Gさんの特徴がよくわかりました。白黒ハッキリしていないと不安になる。だから、二つのものが混じって曖昧な状態に耐えられない。よくなったら、すぐに「がんばれ」という声がしなくなると思いこんでいたから、「がんばれ」という声が聞こえると動揺してしまう。まだ治っていないのだと思ってしまう。白黒はっきりしないと落ち着かないという話題が出た後、Gさんから次のような話がありました。

G「この間、組合の研究会に久し振りで出ました。これまで出るのが億劫《おっくう》だったことがある。今回は億劫ではなかったです。話の合う人と話をして、まあまあ楽にいた。なぜそんなに違うのか考えました。周囲の人がガラッと変わったわけではなく、同じようなメンバーです。〝どこが違うかな?〟と考えたが、受けいれてくれていることがわかった。

〝ようきたな〟と言ってくれる。それを額面通りに受けとめる。これまでは、どういう気持かよく思い出せないけど、緊張していた。〝何かしないといけない〟というか、〝何か役割を演じないといけない〟というか、そんな感じがあった。集まりのなかで、何かをやっていないと自分は弾き飛ばされる、そういう感覚だったんです。今回はそんなことを感じなかったです」

C〈何が変わったのですかねえ?〉

G「……昔、大学に通っていた帰りの電車で一緒になる友だちがいました。話をするのが億劫で、わざとホームの離れたところで電車を待っていたりしました。それに似たような理由だったのかなと思い返します。何か〝敵か、味方か〟という感じでいたかな? 〝味方〟でいてもらうためには、つねに何かをしていないといけないみたいな気がして……。そうしないと、向こうに寝返ってしまうというか、恥ずかしい話だけど、彼女に対してもそういう感情を抱く。何かひきつけておかないといけないという不安がつねにあるのです」

C〈〝いいね〟のポイントを稼がないと〝味方〟でいてもらえないみたいな、何かをしてあげておかないと、その関係を維持できないみたいな。なるほど、それはしんどいですねえ。どちらかわからない相手を味方にするために、何かしないといけないということになると、人に会うのが煩《わずら》わしくなりますね〉

G「基本、人に受けいれられていないというところから出発しているんです。だからポイントを稼がないといけないということになる。スタートはそう。それがうっとうしいから、あんまり人間関係をもちたくないんです。ポイントを稼ぐ場を増やしたくない」

C〈だから、自分のいる場では何かサービスをしてポイントを稼ぐ〉

G「自分をまだ受けいれてもらえていない人が、〝敵〟だということになります」

C〈〝ああ、自分をまだ受けいれてもらえていない〟と思う人は、Gさんにとっては〝敵〟。さっき、基本受けいれられていないというところから出発していると言ったのはそういうことですね〉

G「そうです。ポイントを稼いではじめて〝味方〟になってもらえる」

C〈なるほど、〝敵〟というのは、結局、ポイントを稼げていないマイナスの立場で向き合う相手なのか〉

G「そうですね」

C〈相手のためになにかをしてあげられていない、〝負い目〟をもたないといけない相手が〝敵〟なのですね。ポイント稼がないと、安心できる味方にならない？〉

G「だから、いつの間にか相手が味方になっているなんてことはない。ポイントを稼がないといけない。それがボクの対人関係のパターンだなと気がついた。そういうパターンを変えたいし、だんだん、そうなっていくのかなと思いました」

次のカウンセリング・セッションへ……

「わがまま」だと大事なものをなくしてしまう

G「この一週間、〝ボクは何が恐いのだろう?〟と考えることが多かった。自信がないというか、殻を脱いでしまったら……。自分が〝よい子〟でいることで周りの期待に応えられるし、周りに喜んでもらえると思っているから、そうでなくなると周りから〝必要とされない人〟になるのではないかとか、もしかしたら〝嫌われるような人〟になるのではないかとか、そういうふうになるのが嫌だなあという気持ちがあるのかなって思います」

C〈そのままの自分でいることに自信がない? そのままの自分だと人に必要とされないのではないかと思う?〉

G「それと、わがまま言わない〝よい子〟でいたら大事なものをなくさないみたいに、思いこんできたところがあるような気がする〉

C〈なるほど、あなたにとっては他人の期待に応えることが〝よい子〟であることであり、

〝よい子〟であることが〝わがまま〟でないことの証明なのですね。他人の期待に応えない自分は〝わがまま〟だと思いこんでいるのですかねえ〉

Gさんは、人の期待に応える「よい子」であることが、「わがまま」ではないことだと思っています。でも私はこう考えています。本当は〝わがまま〟とは〝あるがまま〟を受けいれようとしないことです。他人の〝あるがまま〟、自分の〝あるがまま〟を受けいれないことが〝わがまま〟です。〝わがまま〟とは〝我がまま〟なのです。〝オレがオレが〟と〝我《が》を張る〟ことが〝わがまま〟なのです。それに対して〝あるがまま〟とは〝在るがまま〟であり、そこに〝在るように在る〟ということで、そのままの姿、自然体、つまり、〝自ずから然らしめる〟で生きるということです。

だから、悲しい時には悲しみ、悔しい時は悔しがり、うれしい時は喜ぶ、つらい時は落ち込みつらくなる。そのように〝あるがまま〟のまるごとの自分を受けいれ、〝あるがまま〟の自分とともに生きることが〝あるがまま〟に生きるということです。そういう〝あるがまま〟からすれば、〝がんばる〟自分、〝よい子〟の自分だけが自分なのだと、それ以外の自分を仲間外しにして生きるのは、〝わがまま〟な生き方以外のなにものでもないということになるのです。見方が真っ逆さまになるのです。

他人の期待にこたえる〝よい子〟が、他人の期待に応えるがゆえに〝わがまま〟ではないという見方は、それこそ天地が逆転した倒錯した見方であるということです。他人の期待に応えるというのは、多くの場合、他人のためであるようにみえて実は自分のためなのです。他人に自分が受けいれてもらいたいから、あるいは他人に自分が認められたいから、他人の期待に応えようとするのです。他人のためであるように見えて、実は自分のためなのです。

しかも、あるがままの自分を殺すことによって他人の期待に応えるのです。どうしてそれが〝わがまま〟でないといえるのでしょうか。自分の都合で、自分のなかの自然で多様な自分を押し殺し排除して生きて、どうしてそれが「わがまま」でないといえるのでしょうか。生命の立場に立てば、大宇宙、大自然から授かった生命まるごとを受けいれず、自分好みの自分だけを自分の仲間に入れて、他の自分を押し殺して生きることほど、〝我がまま〟な生き方はないのです。それがわからないのは、あまりにも俗世間のモノサシ、俗世間の価値観に汚染された見方ではありませんか？

他人の期待に応えないのは〝わがまま〟か

G「そうですね。人から言われることにプレッシャーがあっても、それをできないということはもう〝わがまま〟であるとボクは思いこんでいたフシがありますね」

C〈そういうふうに頭は思いこんでいるのですか？　心で感じても同じ答えですか？〉

G「それで本当にいいのだろうかと思いながらきました。ほんまにそれがみんなのためになるのか、それは自分の独り善がりでないかとか。それは、仕事を通して、自分が人の期待に応えるのはいいのだけど、自分が人の仕事をとってしまっていて、もっと人に仕事をさせてあげたら、もっとみんな力がついていくのではないか。そう思うのだけど、みんな大変だからボクがしてあげようというふうになってしまう」

C〈自分が他人の期待に応えていることが、周囲にとって本当にいいことなのかという疑いが、時々、首をもたげてくるということですね。みんなのためにするということはいいことだと思いますよ。でもそれが、本当に自分の本心から出てくるものだったらいい。それがそうでなければならないと刷り込まれて、条件付けられてやっているとすれば、ロボットみたいにさせられているだけ。自分の中から自然に出てくることだったらそれはすばらしい〉

G「やってあげなければならない。本当は他のみんなにやってほしいという気持ちがありながら、仕方がないからしなければならない」

C〈そう。〝しなければならない〟。その奥に何があるでしょうか？ 自分が必要でない人になってしまうのではないですか？ つまり自分がポイントを稼げない無価値な人間になってしまうのではないかという恐怖があるのでは？ 〝そうしなければならない〟を動機づけているのは恐怖なのではないですか？〉

G「自分の気持ちがよくわからなくてぐちゃぐちゃになる」

C〈問題の正体をつかまないと、それを乗り越えることができません。人間が安心してのびのびと自由に生きるあり方からすると、そうでないあり方をしているということですよ。つまりそれは幸せでないということ。しかも体を痛めているでしょう。

自然に与えられた体を痛めている。それは正したほうがいい。その恐怖が本当に恐れるべきことを恐れる恐怖なのですか？　よほど吟味しないと騙されてしまいますよ。ただのヒモを蛇だと錯覚して恐れているのではないですか？　幻を恐れているだけではないですか？　そんな恐怖にいつまでも支配される必要はないでしょう。〝わがままだったら大事なものを失うという恐れ〟はどこから出てきたのですか？〉

G「うーん。なにかあまりにも……。母が病気になるまでは、それまではあまりにも順風満帆で幸せだった。幸せすぎたから大事なものを持って行かれてしまったという発想から出てきている気がします」

C〈それがどうして、そうなのですか？　その発想は当たり前ではないですよ。あまり幸せすぎると、なぜ大事なものを持って行かれるのですか？　〝あんまり幸せすぎて恐いぐらい〟という表現はあるのだけど……それは幸せ度を表現する修辞でしょう〉

幸せすぎると大事なものを持っていかれる？

G「やはり悪いことが起こったのだと思ってしまった」

C〈つまり罰ですか？〉

G「あまりいろんなことを望まない方がいいのかなと」

C〈あまりに幸せすぎて傲慢《ごうまん》になっているから、少し罰を与えてやれという感じでそうなるということですか？〉

G「みたいに思ってしまう」

C〈幸せすぎると何かを失うということですか。ほどほどにそろっている方がいい、あまりに完全にそろいすぎるとよくないと？〉

G「満足しすぎるぐらいになるとよくない。そうでないだろうという思いもある。誰のせいでもないと思うのだけど、ひっかかってしまうんです」

C〈あんまり〝ほしい、ほしい〟で貪欲に生きたら、不幸せになるという意味ならわかりますよ。でもそれは幸せすぎるということではない。それはそういうふうに思いこんでしまう何かがあったのです。誰かからそういうふうに教え込まれるということだってあり得るでしょう。子どもってたいがいそうです。親や周囲のおとなから教え込まれて、条件付けられる。そういう思いこみを通じて現実を見ているんです。たいがいの人間が見ているのは、本物の現実ではなくて、自分の思いこみの現実。見せたくないものは全部カットして、見せたいものだけを見せているマスコミもそうです。それで世の中を描き出すんです。それしか見せられない人間は世の中そういうものだと思いこむんですが、それは現実ではありません。つくられた現実です。

マスコミだけがそうするわけではありません。親もやるし、おとなもやります。いちばんよくやるのは権力（者）ではないですか。ひもを蛇だと見せている。ひもを蛇だと見えるような夢を見ているようなものです。その夢の恐怖によって縛られているのなら、そこから醒《さ》めないといけません。醒めないといつまでもそれに縛られてしまいます。あなたがそういう夢を見ているとする。それがあなたの心にとっては現実で、すごいリアリティがある。幸せすぎると大事なものを失ってしまうという幻の現実です。そういうふうに世の中が見えるめがねをかけて生きているんです。そういうことから解放されようと思ったら、そのめがねを外さないといけません。その夢から醒めないといけないんです〉

G「（笑）そんなに簡単に醒めますか？」

C〈理屈でいくとそうですよ。たとえば、マスコミが見せている現実から解放するためには何をしますか？　いくつか別の新聞読みますよね。自分であれこれ確かめてみる。〝よい子〟だから他人から必要とされているのであって、それを全部脱いでしまったら本当に他人から必要とされないのでしょうか？

もっといえば、必要とされていることが、あなたにとってとっても大事なことのように見えるのだけど、生きるって他人から必要とされること以外に何もないのでしょうか？　生きることの値打ちというのは人の役に立つことだけですか？　もしそうなら、寝たきりのお年寄りになれば何の役にも立たない。あなたの言っているような意味ではね。そういう人たちは生きる値打ちがないのですか？　最近のお月さんとても綺麗。それを見るだけでも生きている喜びがある。何の役に立たなくてもそういう喜びはいっぱいある。だのになぜ、人に必要とされることにそんなにとらわれるのですか？　それは、一種の依存症ではないですか？〉

他人に必要とされていないと「居場所」がなくなる？

G「居場所がないと思っていましたから」

C〈だから必要とされることにとらわれたのはよくわかります。でも何度も言うように、今はそういう状況ではない。その頃に小学校一年生ががんばらないと生きていけないと思い詰めて必死になったのはよくわかります。でもいつまでもそういう鎧を着て生きる必要はない。〝もうそろそろ脱いだらどうですか〟と心身のバランスを崩して、体がおかしくなった。むしろその鎧は邪魔なのではないですか？〉

G「脱ぎたいという気持ちもあるけど、脱ぐのが恐い」

C〈無理して恐いという気持ちを抑えつけて、無理に脱ぐ必要はない。でも脱ぐ方が楽だし、幸せだったら自然にそっちの方にいく〉

G「頭ではきっと脱いだ方が楽だろうなと考えることはある。でもまだ片袖脱ぐようなところまではできないみたいな」

C〈それはそれでいいのでないですか。長いこと生きるために身につけてきた鎧なのだから、そんなに簡単に脱げないだろうと思います。そのときがきたら簡単に脱げます。〝北風と太陽〟

みたいなもの。北風がビュービュー吹き付けても脱げない。太陽が暖かく照りつけたら、自然に脱ぎたくなる。今はまだそのときではないのでしょう。今あなたの課題はいろんな自分を受けいれるということですよ〉

G「いろんな自分が受けいれられないんです」

C〈これもあれも自分だと受けいれて拒否しない。たたかわない。人間というのは、たたかってやっつけようとすると、向こうは負けるものかと反抗してくる。でも本当に受けいれてやったら、排除され、無視されていた恨みは成仏する。あなたの場合は、一生懸命いいこととしてがんばっていないと居場所を失ってしまう、〝わがまま〟していたら大事なものを失ってしまうというところで生きてきた。それもれっきとしたあなた。もう邪魔だから消えろ、消えろといったら、それはそれでかわいそう。ようがんばってきたねえとねぎらってやれば成仏する。自然に消えていってくれるのを待てばいいんです〉

G「なぜそれができないのだろうと思うんですよ。それができない自分が嫌だなあと思ってしまう。早く脱がなければいけないのではないかと思って……」

C〈わかっているだけでいいんですよ〉

大事なのは理解すること

G「脱ぎたいという自分がいるし、でもジレンマを感じている自分が嫌だって思ってしまう」

C〈〝嫌〟って思う必要はない。両方とも受けいれてあげればいいんです。たたかわないことです。両方とも受けいれる。そうしたらいつの間にか越えていますよ〉

G「脱いだってわかる何かがほしいと思う。早く違う自分になりたいと思ってしまう」

C〈私がここで問題を明らかにするために、いろいろ言う。いろいろ問う。それが早く脱がないといけないみたいに思わせているのかもしれないけど、大事なのは理解することです。自分がどういう状態にいるかということを理解すること。今はもう必要なくなった鎧をきているのだから、早く鎧を脱ぎなさいということではない。そういう状態だということを腹から理解するということなんです。大事なのは、脱ぎたいと思っている自分と、脱ぐのが恐いなと思っている自分とをたたかわせようとすることではない。両方とも受けいれるんです。どちらかに味方はしないんです。だって両方ともあなたなのでしょう。両方ともあなただから、両方とも受けいれてあげないと、またケンカになりますから〉

……（長い沈黙）……

G「頭のなかでいろんなこと考えるんです。自分がいまわからない。何が自分なのかわからない。毎日がこんな自分でいいのだろうかと、なんか正解を求めている」

C〈早く正解を出して、そのとおりしないといけないと？〉

G「そうしないと、完全復帰できないと思う。正解が見えないと、ぐちゃぐちゃになる」

C〈正解が出てきてスッキリとすることを期待しているから、その正解から自分を見るとぐち

ゃぐちゃということになる。スッキリとした正しい姿の自分というのを想定している。その姿から見ると今の自分はぐちゃぐちゃ〉

G「想定していなかったらぐちゃぐちゃではない？」

C〈それが〝あるがまま〟の姿のあなたですから。あるべき姿を想定すると、現実の今の姿がどうしようもないぐちゃぐちゃの姿に見える。けど、こっちの〝あるべき姿〟を消しちゃったら、ぐちゃぐちゃの方も消えてしまう。そのままの姿で認めていたら、ぐちゃぐちゃでもなんでもないでしょう〉

G「正解を求めているからなんだなあ」

C〈今のあなたが、あるがまんまのあなた。新しい自分になっていこうとしているその姿。それをそのまま受けいれたらいい〉

G「正解を求めすぎているんですね。白黒はっきりつけるような」

C〈それもあなたなんだね〉

G「中間がない」

C〈そういう状態なんだと理解できるではないですか。それをそのまま受けいれて見ていたらいい。たたかわない。それが極意です〉

G「受けいれるということが、どうしても今度は〝受けいれなくてはならない〟ということになってしまいます」

C〈そのままにしておけばいい。英語でいえば、LET IT BE〉
G「一つずつ、一つずつ頭で考えて、こうしないといけないのではと思ってしまう」
C〈〝いま・ここ〟にいればいい〉
G「〝いま・ここ〟でも違うことを考えている」
C〈〝いま・ここ〟に意識をおいて、〝いま・ここ〟に生きるんです〉
G「なにか先へ先へと考えてしまって」

次のカウンセリング・セッションへ……

負い目がうすれてきた

G「自分の気持ちの持ちようが違ってきている。数か月前は一つ何か気になることがあると、それがずっと気になって仕方がなくて、そのことでしんどくなってしまっていました。会議が立て続けに入っていたりすると、自分が休んでいることがとてもすまない気持ちになりました。でも今そういっても、自分は何もできないし、それに関わることはできないから、〝仕方がない〟と思えます。気になることは気になるけど、〝仕方がない〟ということで納めることができる。みんなが会議をしていたら、自分だけ遊びに行くなんてできなかった。でもいまは、映画に出かけても、あまり罪悪感を持たないで、映画を観て帰ってこられる」

C〈ほう！　すごいですね。余計な負い目を感じなくなった？〉
G「気を遣わなくてもいいところまで気を遣っていたのが、それがなくなったと思います」
C〈みんな会議やっているのにというときに、気にかかるというのは負い目ですか？〉
G「本来だったら、自分が中心になって進めていたはずなのに、やれてない自分がいるという気持ちですね」
C〈その気持ちは申し訳ない？〉
G「申し訳ないし、自分自身が情けない」
C〈負い目だね？〉
G「なんにもしてないように思われるのが嫌。それがすごく強かった。それが少し薄れているなというのが自分でもわかる」
C〈あなたの心から、負い目がだいぶとれてきた？〉
G「できないことをいろいろ考えても仕方がないと。いま、しないといけないことをすればいいやと思えるようになりました」
C〈できないことをいろいろ考えているときの気持ちというのは、どういう気持ちで考えているのですか？〉
G「うーん？　どんな気持ちって……。〝できない、できない〟ってこの辺（頭）で考えるんです……」

C〈〝できない、できない〟って思い悩むわけでしょう。その思い悩ませるものはなんですか？　どんな気持ちで思い悩むのですか？〉

……

負い目だけでなくて悔しさがある

C〈そんなふうに考えるのは、そういう力がはたらいているのでしょ。その時は、どんな感情が働いているのですか？〉

G「うーん？　悔しいのかな……できない悔しさがあると思います」

C〈そう、そういう答えを求めていたの。じゃあ、負い目だけでなくて、悔しいのですね。本当は自分がやらないといけないのにという負い目だけでなくって、それをやれないことが悔しいのか？〉

G「そういうのもある。みんなのなかに入れていない自分が悔しい」

C〈そのなかに入って活躍できてない自分が悔しい？　なぜ悔しいの？〉

G「ええーっ？　今までそれをやっているのが当たり前だったから。当然すべきことだった。して当然だった。できて当然で……」

C〈じゃあそれまではできていたことを、年がいって体力がなくなってきて、できなくなってくるのが悔しいというのと似ているのかな？　無力になってきているのが悔しい？　自分が有能

でなくなっているのが悔しい？　できている自分でなくなって悔しい？〉

G「でもいまは、仕方がないと……」

C〈仕方がないというのは、できている自分でなければならないというとらわれがなくなったの？〉

考えているだけでなく感情が働いている

C〈とらわれていた心が、だんだんとらわれがなくなってきた？　有能な人間でなければならないという価値観の問題かもしれないし、役割意識へのとらわれかもしれないし、結局自分があることに価値を置いて、それに縛られているというところから、少し距離を置けるようになってきたということかな？〉

……

C〈今何をしているかというと、そういうふうになっていることの意味を見定めようとして、こういう問答をしている。わかりますか？　そこに何が起こっているのか、あなたの心に何が起こっているのかを見定めようとして、あれこれ問うているわけです。いつまでも気にして引きずらないようになってきた。そういう変化の意味は何なのか？　それで楽になったわけだけど。それで済ませてもいいけれど、それで済ませると何が起こっているのかがわからない。意味を確めておいた方が、こういうボクから、こういうボクに変わってきたのだとはっきりとわかった方が、納得ができるのではないですか？

あなたは教師でしょう。子どもがこういうふうに変わったということを援助する、成長・発達にむけて変化することを〝指導〟するのでしょ。そのときに、子どもがどう変わったのかをきちんと見定めないのですか？　それを見定める目をもつことは大事なことでしょう〉

G「……なんか、自分が楽になったことしか思っていませんでした」

C〈それでいいんですよ。それはよかったですねえ、でいい。でも意味を確認した方が自分のことをよく理解できるのではないですか？〉

G「……どこがどういうふうに変わったのか……」

C〈以前は、罪悪感や負い目や悔しいという感情を引きずって、そのことを気にしていたということでしょう？　引きずるということは、引きずるような感情が働いているからそうなるのでしょ。自分がその感情にすごく馴染んでいると、自分が何を感じているかになかなか気づかないものだけど、〝その時に何を感じていますか〟と聞かれたときに、感じているのだけど、それが何か気づいていないでしょ。

よく見たら、〝負い目〟がでてきた。それから〝悔しい〟という感情もでてきた。そういう気持ちが働いているのでしょ。それが働いて自分を解放しなかった。今のことだけに限ってみても、確認できますよね。考えているだけでなくって、そこには感情が働いている。……考えていることばかり意識するけど、感情の方はそれと一体化しているから、それを対象化してみることがな

かなかできない〉
G「うーん、なるほど……」
C〈こういうところで〝その時どんなふうに感じていましたか?〟と問われて〝えっ!?〟となる。そして立ちどまって振り返ってみるんです。日常的には、そんな面倒くさいことをやっていないんです。とくに最近のような忙《せわ》しない世の中ではそうですね。でもね、ここではそれをするの。自分の感情には、それが生じるわけがある。たとえば、取り残されていると認知するから「疎外感」や「悔しさ」という感情を感じるというように〉
G「その時は、なんでこんなことばかりを考えてしまうのだろうと思っていました。考えてしまうということを意識していて、それをしなくなって、すごく楽になっているということを感じます」
C〈実はそこに感情が働いているから、それにひきずられて考えているんです。とらわれるのは、そこに感情が働いているからなんですよ。そして、罪悪感とか、悔しいとかいう感情が出てくるのは、そこにまたわけがある。悔しいというふうに感じるのは、そこに理屈がある〉
G「ああ、ああ?　ああ、そうか……」
C〈本来ならば、自分がやらないといけない。でもやれていない。だから〝負い目〟を感じる。〝だから〟というのがある。自分がやれていたことをやれない、だから〝悔しい〟というふうに〝だから〟という〝わけ・理屈〟がある。感情には必ずそれが生じる〝わけ〟がある。〝だから〟

寂しい、〝だから〟悔しい、〝だから〟腹がたつ……〉

G「うーん……」

C〈〝だから〟の前の部分にくるところが、自分がこだわっている理屈であり、価値観なのです。ある事態をどういうふうに見るかによって、そこに生じる感情は違う。ある事態をどういうふうに見て、認識するかによって、〝悔しい〟という感情が出てきたり、〝罪悪感〟〝負い目〟が出てきたりするんです〉

疎外感を感じない新しい自分がいる

G「うーん。以前まではすごくこだわっていたのは、何か、一人だけ取り残されているように思えて、それがとても〝悔しく〟て、自分が取り残されて周りのことが進んでいっていることがどうしても受けいれられなくて、そういう話題を皆がしていても、その話題に入れない〝疎外感〟というのを感じていたからだと思います。みんなは疎外しているつもりはないのだけど、自分がそう思ってしまう。それがすごくあったような気がします」

C〈自分が取り残されているというとらえ方をすると、疎外感を感じる。別のとらえ方をしたらまた違いますね〉

G「去年はそれですごくしんどくなっていたけど、今年は一年間の実践をしていないのだから、わからなくても仕方がないと受けとめることができました。でも昨年度の実践の報告集を読ませてもらうと、昨年はこんなふうに実践したのだと素直に受けとめる自分がいる。〝ボクも読んだよ〟と言える自分がいて、その話題に入っていける自分がいる。それにビックリしています」

C〈そういうふうに受けとめることのできる、新しい自分がいるのでしょ。以前だったら、これだけのことをやってきたというときに、自分なしにこれだけのことをやったのだと思って〝疎外感〟を感じていたかもしれないのに、そうでない新しい自分がいるのでしょ〉

G「前は、ボクがいなくても別に関係ないのだと……」

C〈自分がいなくてもこれだけのことができるのだと思うと、すごい疎外感を感じるでしょう。置いてけぼりをくったような気がしますよね〉

G「そうですね。でも、なんか今年度の職場の体制を考えるときに、自分が少し不安に思っていることとか、迷っていることを話す機会があって、話してみると自分がすごく必要とされているのだということがわかって、自分はほんまに必要なのかな、みんなのなかにどんなふうに受けいれられているのかと不安だったのが解消したんです。そこから、とらえ方が変わってきたという気がします」

C〈安心できたのですか?〉

G「ここに居てもいいのだと思えました。その話をしたのがきっかけで、自分のなかにすごい安心感ができたんです」

自分の存在意義を確認できる安心感の大切さ

C〈そういう点でいうと、自分がそこで受けいれられているという安心感が、物事を素直に見させるための大事な要素なんだなということがわかりますね〉

G「はい。そうです！」

C〈それがないと、物事を歪《ゆが》んで見てしまう〉

G「そうですね。それがないと、なにか否定的な方にばかり気持ちが行っていたように思います」

C〈自分の存在価値を認めるという安心感が、あなたには稀薄だったのですか？〉

G「そうですね。つねに自分の居場所を得るためにはどうしたらいいかという意識が、小さい頃からありました。でもいつも、居場所があるようでないような不安定な状態が続いてきたんです。本当の居場所ってなんだろうと探してきた気がします」

C〈今回、あなたは、これまでだったら、自分が役に立っていないのではないかと負い目を感じるような状況のなかで、実は、周囲に存在価値を認められていたのだということがわかって、今までにない経験をしたのですよ〉

G「あらたまって、〝自分が必要とされているのだろうか、ここに居ていいのだろうか〟という不安をあえて話をして、安心するということは今までなかった。自分がもっとがんばって努力したら居場所がガッチリ確保できるという思いしかなかったから……」

C〈本当によい経験をしましたね。今回は病気をして休んでいる状況、そういう状況でも存在を認められた。その経験はすごく大きいのではないですか。いままでだったら、あなたががんばったから、役に立っているはずと思えるような状況だった。今回は、マイナスの状況なのに、あなたの存在価値を認めてくれるようなメッセージをもらえた〉

G「そうですね。それが嬉しかったです」

C〈そういう経験を〝がんばり屋さん〟の〝よい子〟たちはしないといけないのですね。そうでないといつまでも、〝自分はがんばっているから居場所を確保されている〟という不安感から解放されない。そういうふうに考えると、あなたが病気になることがいかに大きな意味があったかということがわかるではないですか。病気になってこれまでのような〝がんばり〟ができない状況に落とされた。それでも自分が〝よい子〟だから、周囲は自分を受けいれてくれているという疑惑や不安から解放されない（うーん）。そういう疑惑、不安から解放されるのは、自分が今までの自分の価値観からすれば〝ダメな自分〟になったとき。そこでやっと〝がんばらなければならない〟という自分から解放される〉

G「わかります、先生の話。すごい、こんなふうになった自分なのに、周囲が自分を支えてくれたり、認めてくれたりしている。そういうことをすごくありがたいと思える。〝ありがたい！〟という気持ちです」

次のカウンセリング・セッションへ……

変わってきた自分

C〈そろそろ、卒業式ですかね。一〇月から半年ですかねえ〉

G「これまでは気になることがあると、すぐに気持ちが落ちこんでしまったりしていたのだけど、そんなことを考えてもどうしようもないことだし、いまそんなことを思わなくてもいいと、自分で割り切りをつけられるようになりました。それと父との距離が近くなったというか、父が心配をしてくれることに対して素直に受けられるようになりました。〝がんばるところばかり見せなくてもいい〟と感じて、父に対しても弱音を吐けるようになっている。それが違ってきているところですね」

C〈随分違ってきましたね〉

G「そうです。最初の頃、ここで話すこと自体にどうしようと、苦手意識が強かったのだけど。ここへ来たら、あんまり固く考えずに話せるようになったかなあ」

C〈話すことは、離すこと。放すこと。それができるようになった〉

G「仕事でも、単純に子どもと接して一緒に何かをしていることが楽しいという感じがします。前は楽しいというよりも、〝きちんと役割をこなさないといけない〟という感じが強かった。〝ちゃんとしないといけない〃と思っていた」

C〈〃ちゃんとしないといけない〃というのはあなたの心のなかの口癖だった〉

G「そうですね。なんか〃役に立ってなくちゃあ〃という思いが強かったのに、いまは、それが外れてきている」

C〈楽しめるようになったのですね〉

G「そうですね。学校へ行くのが楽しく思えるようになりました」

C〈〃ちゃんとしないといけない〃というのは、〃お務めを果たさないといけない〃という感じだもんねえ〉

G「何をちゃんとしないといけないのか、自分でもわかっていないのに、ちゃんとしないといけないという思いが強かった。具体的にこれをきちんとしないといけないということではないんですよね」

新しい誕生

G「何が不安だったのか？　〃よい子〃でいないといけないとか、そういうのにとらわれていたから、〃居場所〃をつくるためには、とにかくあくせくしていないといけない。つねに〃居場所〃を探している状態でした」

C〈安心できる〃居場所〃のない不安なのだね〉

……沈黙……

C〈一生懸命がんばってないと〝居場所〟がないかのように生きてこられたわけですけど〉

G「自分の家にいても、父と弟との生活になっても、〝居場所〟を探している状態でしたね。とりあえず、学校の勉強だけはちゃんとしておこう。とにかく頼ってもらえるような存在になっておかないと、役割を果たさないと〝居場所〟がないみたいな感じでとらえてしまっていたところがありますよね」

〈〝居場所〟って、あなたにとってはお母さんが果たしてくれていた役割ですよねえ。お母さんが生きておられたら、ずっとお母さん子のあなたでいられたのに……。〝居場所〟を求めてがんばり屋さんになってしまった〉

G「そうですね。がんばり屋という着物を一枚着てしまうと、二枚、三枚と自分をしんどくするものを上に着ていってしまっていた」

C〈そういう役割をとっていたら、そういうイメージが固定してきます〉

G「そうです。〝ボクはこういうふうに見られているから、こうしておかないといけない〟と。で、父にしても弟にしても、〝お兄ちゃんはこういう人だ〟と。だから、父の前でも、弟の前でもそういうお兄ちゃんでいないといけないと。人前では泣かないけど、一人になったときに涙が出てきたりしたことはよくありました……」

C〈ようがんばってきたねえ。それだけがんばってきたのだから、お母さんももういいよとおっしゃっているよ。これからはお母さんが生きられなかった分も生きていくことになる。私の分も生きてちょうだいねという声が聞こえませんか？〉

G「そうですね。そんな感じですね。母の生きられなかった分を、楽しんだらいいよと感じられるようになった。母の命日が間もなく来ます。それを迎えることが恐いなあというイメージが強かったけど、そこからがまた再出発だという感じに切り替わってきている」

C〈では、お母さんの命日が、あなたにとっての再出発、生まれ直しの日ですね〉

G「そうですね。自分のなかでそんな感じが……期待がもてるようになりました」

C〈何番目かの誕生日ですね。そのお手伝いを多少させてもらった感じかな〉

G「いや。随分手伝っていただいたような。毎回、お話を聞いていただいて、すごく気持ちが和んだりとか、今までは気づかなかった自分に気づけたりとか、ああなんか〝気持ちのなかでこんなことを思っていたのだ〟と、普段こんなことを言葉にして出すことがないから、何か視野が広がったというか、ものの見方というのがすごく広がったかなというのがありますね。何よりも考え方がとても楽に考えられるようになってきたというのが、半年前に比べたら、大きな違いかな……」

C〈じゃあ、お母さんの命日まであと何日か、カウンセリングで数か月、ちょうどお腹のなかにいる感じだねえ〉

G「そうですねえ（笑）」

C〈新しいGさんがお生まれになる〉

G「そうですね。何かワクワクしている感じですね。何か不思議ですね。これまではその日がすごくネックになっている日なのに、今はすごく楽しみだというか。どんな人生があるのかなと思えるようになっているのだから」

C〈そう。それはとても楽しみですね〉

G「三七歳ってまだまだ若い。母は若くして亡くなっているから、その分ボクはがんばって生きなければなあと思い直せました」

C〈これまでのがんばり方ではなくってね〉

G「そうですね。もっと自由でのびやかながんばり方をしたいです。先生にお会いした最初の頃に先生は、〝うつ〟から回復するということは、元気にバリバリがんばって働く元の自分に戻るということではないかもしれないとおっしゃったでしょう。それがわかりませんでした。でも、学校に戻ろうとしている今のボクは、〝元気な自分〟というよりも、〝素直な自分〟というものを感じています」

C〈はい、そうですか。その言葉をお聞きしてとてもうれしいです。私もGさんの新しい誕生を少しお手伝いできて幸せです〉

G「ありがとうございました」

C〈では、これぐらいで。卒業証書はないですが……〉

G「(笑) ありがとうございました」

カウンセリングを終えて——Gさんとの交流から危惧すること

Gさんが戻っていく学校社会には、いろいろ危惧すべき問題があります。たとえば、「学校スタンダード」という決められた基準や「PDCA」*を守らないといけないとか、「ゼロ・トレランス」(不寛容の精神)という事務的、機械的に子どもを管理する生徒指導の決められた手法にそって子どもを指導しないといけないとか、個々の子どもに即して教師が自由な判断や裁量で向き合い、指導することが困難になっているとか、教師に対するもろもろの「締め付け」がきつくなってきています。

*Plan(計画)、Do(実行)、Check(評価)、Act(改善)のサイクルで業務を改善していくこと。

そういうなかで、教師が同僚と共に、子どもに寄り添い、子どもと人間同士として交わることのできる「遊び」や「余裕」を持てる、膨らみのある空間と時間が奪われてきています。そういう環境の中で、Gさんの生い立ちのなかで身につけた「よい子」の「がんばり屋さん」の習性を緩めるどころか、一層強めないといけない雰囲気や条件が支配的になってきてはいないでしょうか？　教師がそういう状況に置かれているならば、すでに述べた失敗をゆるされながら試行錯誤のなかで、「具合」や「加減」や「呼吸」を体得するのに必要な経験を子どもたちにさせてやることができません。そうなると、子どもたちが自分の人生の主人公として「よい加減」「よい具合」「よい呼吸」の生き方を見つけだしていくことを手伝ってやることも困難です。

そういう学校では表面的に「明るく、元気に、前向きに、がんばって」いるかどうかで教師や子どもを「できる奴」「ダメな奴」と差別、選別する空気が強まります。そういう強いられた「がんばり」は「眼張って」(見張って)それを判別するような教師同士、子ども同士、教師と子どもの関係が支配することになるでしょう。「がんばり」をいつも見張って、監視し合っている関係になります。「がんばる」ことにはそういうところがあります。徹底的にとことんやる。だから短期戦には強いでしょう。

「撃ちてし止《や》まん」の精神、玉砕《ぎょくさい》精神で一気呵成《かせい》に徹底的にとことんやるという雰囲気が強まります。とてもテンションが高く、緩みや遊びがありません。「ふわっと」したところがない学校になっていけば、ゼロ・トレランスが蔓延《まんえん》し、教師同士のあいだでも「オレがこんなにがんばっているのに、おまえは何だ!」というお互いを監視し合う学校社会が実現することにならないでしょうか。がんばり屋さんのGさんとの深い内面的な交流をとおして、Gさんに強い共感をもつゆえに、私はそのことを強く危惧するのです。

以前、ひきこもりの子どもをもつ父親たちの「オヤジの会」に招かれて、一緒に呑みながら話したことがあります。そのときにあるお父さんから、「先生、〝親が変われば子が変わる〟と言いますが、親はどう変わればいいのですか?」と質問されたことがありました。私自身は、親は自分自身のために変わるのだと思っていますので、あまりそういう言い方はしませんので、「あなたは、どう思いますか？」と問い返しました。

するると、そのお父さんは「ストライクゾーンを大きくすることですかねえ」とおっしゃいました。そのとき私は「そのとおり、ボクもそう思います」と花丸をあげたいような気持ちで賛成しました。それ以来、「ストライクゾーンを大きくする」という言葉を拝借して私も使わせていただいています。

もし、この本を読んでくださっている「がんばり屋」の「よい子」の方がいらっしゃったら、その方には自分に対する「ストライクゾーン」を大きくして、「まあ、いいか」の精神で行きましょうよと最後に申し上げたいのです。

おわりに

私は「あるがまま」の自分のこころの声に耳を傾けながら、自分のこころと相談しながら生きることが大切だと語り、カウンセリングはそういう生き方を手伝うのだと語ってきました。私たちはいつの間にか、「よい子」という合格印をもらうためにがんばる生き方に陥っていることがあります。気がつくと、あるがままの自分のこころを置き去りにして、「よい子」という誰でもない他者のこころを身につけて生きているのです。

自分の素直な気持ちをおし殺し、「あるがまま」のこころを肯定して生きることができなくなっているのです。それを取り戻すために、「あるがまま」の自分を肯定できる人間関係や「共同体」（人間関係のネットワーク）をつくりたいと私は思ってきました。たとえば登校拒否の子どもの「親の会」などは、そのひとつの試みでもあるように思います。

日本の指導者層はその辺がわかっていないように思います。強い立場にある彼らの思う「成長路線」を走っていると思いこんでいるがゆえに、人々も自由に個性を発揮して生きられる世の中だと思いこんでいるようです。しかし、それは人材としての個性にすぎず、人間としての個性ではありません。実際には、多くの人々は人材として期待される「よい子」の合格印をもらうために、人間としてのこころをおし殺してがんばっているのです。

多くの人間が、無理ながんばりのもたらす歪《ゆが》みを「地雷」のように心身に埋めこんで生きているのです。その歪みから自分を解放するために、「よい子」でない「あるがまま」の自分を肯定できる人間関係をつくり、そのなかに身を置くこと。そのなかで「あるがまま」の自分のこころを取り戻し自分を語れるようになること。世間の「使えない奴」「ダメな奴」「弱い奴」というラベリングを引き剝《は》がし、新たな言葉で自分を語れるようになること。そういうことをカウンセラーとして手伝いたいと思って私は生きてきたのです。

そういう一連の営みを背景に、「あるがままの自分であってよい」という言葉を私は語ってきたのです。私が求めてきたものは、「他者と共にありながら、あるがままの自分でいられる」関係、「他者」が決して抑圧的にならない関係――そういう「共同体」をつくることです。「あるがまま」の自分に依拠して生きることが、「他者」と共に生きることになるようなあり方を求めているのです。

「あるがまま」の自分に依拠した「私の小さな物語」を生きることが、他者と共に「私たちの大きな物語」を生きることにつながるような生き方。それを求めているのです。「登校拒否・不登校問題全国連絡会」のなかで語られた、「私たちは民主主義の大地を耕すミミズである」とは、まさにそうした生き方を志向するものであると私は思うのです。私のカウンセリングは、そのような物語へと人々が解放されていくことを手助けするものでありたいと願ってきました。本書もそういう思いを託して書きました。
おわりに、この本の企画から出版にこぎつけるまで、新日本出版社の角田真己さんから丁寧なご助言やコメント、お力添えをいただきましたことに、心からお礼を申し上げたいと思います。

二〇一七年一〇月

著者

高垣忠一郎（たかがき　ちゅういちろう）
心理臨床家。1944年高知県生まれ。1968年京都大学教育学部卒。専攻は臨床心理学。京都大学助手、大阪電気通信大学教授、立命館大学大学院教授などを歴任（2014年3月退職）。登校拒否・不登校問題全国連絡会世話人代表。

主な著書に『生きることと自己肯定感』『競争社会に向き合う自己肯定感』『揺れつ戻りつ思春期の峠』『登校拒否を生きる』『生きづらい時代と自己肯定感』（いずれも新日本出版社）、『自己肯定感って、なんやろう？』（かもがわ出版）、『癌を抱えてガンガーへ』（三学出版）など。

つい「がんばりすぎてしまう」あなたへ——自分《じぶん》のこころを見《み》つめなおすために

2017年11月20日　初　版

著　者　高　垣　忠　一　郎
発行者　田　所　　　稔

郵便番号　151-0051　東京都渋谷区千駄ヶ谷4-25-6
発行所　株式会社　新日本出版社
電話　03（3423）8402（営業）
03（3423）9323（編集）
info@shinnihon-net.co.jp
www.shinnihon-net.co.jp
振替番号　00130-0-13681

印刷・製本　光陽メディア

落丁・乱丁がありましたらおとりかえいたします。

ISBN978-4-406-06183-4 C0036　Printed in Japan